# 银色的旗帜

## ——30个“银领精英”的成长故事

主　编　王祝华
副主编　王东升　方秀丽

浙江工商大学出版社
ZHEJIANG GONGSHANG UNIVERSITY PRESS
· 杭州 ·

**图书在版编目(CIP)数据**

银色的旗帜：30个“银领精英”的成长故事 / 王祝华主编. —杭州：浙江工商大学出版社，2018.10

ISBN 978-7-5178-2971-3

Ⅰ. ①银… Ⅱ. ①王… Ⅲ. ①银行—工作人员—先进事迹—中国—现代 Ⅳ. ①K825.34

中国版本图书馆CIP数据核字(2018)第234160号

**银色的旗帜**

——30个“银领精英”的成长故事

**主编 王祝华 副主编 王东升 方秀丽**

**责任编辑** 刘淑娟 王黎明

**封面设计** 林朦朦

**责任印制** 包建辉

**出版发行** 浙江工商大学出版社

(杭州市教工路198号 邮政编码310012)

(E-mail:zjgsupress@163.com)

(网址:http://www.zjgsupress.com)

电话:0571-88904980,88831806(传真)

**排　　版** 杭州朝曦图文设计有限公司

**印　　刷** 虎彩印艺股份有限公司

**开　　本** 710mm×1000mm 1/16

**印　　张** 11

**字　　数** 184千

**版 印 次** 2018年10月第1版 2018年10月第1次印刷

**书　　号** ISBN 978-7-5178-2971-3

**定　　价** 38.00元



浙江工商大学出版社营销部邮购电话 0571-88904970

# 编委会

# 前　　言

浙江金融职业学院银领学院(以下简称“银领学院”)是浙江金融职业学院高等职业教育办学体制与人才培养模式改革双重创新的产物,是国家示范性高职院校建设的成果。银领学院自 2008 年 3 月成立以来,先后与中国工商银行浙江省分行、中国农业银行浙江省分行、中国银行浙江省分行、中国建设银行浙江省分行、中国邮政储蓄银行浙江省分行、中国民生银行杭州分行、浙商银行、浙江泰隆商业银行、浙江省农村信用社联合社、信达期货有限公司等 60 多家银行、证券期货公司等金融机构开展订单式人才培养,累计培养了近万名服务于金融行业一线岗位的应用型人才。

十年来,银领学院以订单培养为始点、以双师团队为依托、以工学结合为载体、以校企合作为平台、以开放办学为特征、以优质银领为目标,构建了学校和金融企业共同参与的育人平台,建立了学校和行业深度融合开展产学合作的长效机制,是“学校、行业、校友、集团”共生态办学模式和订单式人才培养模式最佳结合的典范。银领学院的订单式人才培养模式,通过全程化的顶层设计、集成化的教育教学管理、序列化的体制机制创新、职业化的人才培养体系构建,实现了教育教学与职业培训的紧密结合,将企业的用人竞争前移,产生了用人单位竞相进校选拔人才的“赶集”效应,形成了订单人才选拔、管理、教育、实习、就业的系统化培养机制,在高职教育领域形成了订单式人才培养的规模效应、示范效应和品牌效应。

十年春风化雨,几度春华秋实。银领学院毕业的近万名金融“银领”人才,足迹和身影遍布全省乃至全国的银行、证券期货公司等金融机构,大多数已经成长为业务骨干,一部分走上了一线管理岗位,为国家经济金融发展贡献力量。本书从银领学院历年的毕业生中选取了 30 位技能精湛、品德优良的优秀毕业生代表,以其成长案例为素材,从道德品质、专业技能、职业素养、工作礼仪、健康心态、职业理想六个方面展现银领学院优秀毕业生的风采。他们中有银行和证券期货公司的管理层精英，也有在企业一线从事会计工作的优秀工作者，无论从事何种职业，他们都是银领学院的骄傲，都是银领学院多年来育人成果的缩影。

十年磨一剑，厚积而薄发。本书既是银领学院十年来教育教学成果的展示，也是当代金融行业人才培养探索创新之路的实录，更是银领学院交给社会的一份答卷。通过这30位优秀毕业生的成长故事，希望在校大学生能够受到启发，重视职业素质培养、全面发展；希望一届届银领学子能够收获经验、激发动力，实现职业发展、事业成功的人生理想；希望广大读者能看到高职院校订单式人才培养之道，看到如何把握校企合作之“魂”。十年，在历史的长河中只是一瞬；30位，在“万人大军”中只是寥寥数人。十年一顾，权当小结，只为走好未来的路。银领学院的教育教学改革、人才培养仍然在路上，未来任重而道远！

编　者

2018年7月

# 目　录

## 第一章　银领风采之"明德惟馨"


吐丝做茧,破茧成蝶 …… 002

路虽远,行则将至 …… 007

唯坚韧者方能遂其志 …… 012

咬定责任不放松,成功就在担当中 …… 017

爱岗是职责,敬业是本分 …… 022


## 第二章　银领风采之"一技之长"


铿锵玫瑰,风雨中绽放 …… 028

从零开始,九转功成 …… 034

将技能练到极致 …… 039

真者,精诚之至也 …… 044

从数字天赋到信贷专家 …… 050


## 第三章　银领风采之"素养臻备"


"地标",以勤勉和坚持筑就 …… 058

"明星大堂经理"的成功秘诀 …… 063

雏凤清啼,综合素养助力飞翔 …… 068

坚守基层，笃志践行 …………………………………………………… 073
问渠哪得清如许，为有源头活水来 ………………………………… 078

## 第四章　银领风采之“彬彬有礼”

微笑是最好的语言 …………………………………………………… 086
心之所向，素履所往 …………………………………………………… 091
做事认真，做人真诚 …………………………………………………… 096
微笑是最好的名片 …………………………………………………… 101
莞尔一笑，拿捏有度 …………………………………………………… 107

## 第五章　银领风采之“慧心独具”

态度决定高度 …………………………………………………………… 114
成熟的心态，铸就不凡的人生 ……………………………………… 119
行稳，方能致远 ………………………………………………………… 124
细心发现细节，细节决定成败 ……………………………………… 129
自我加压，逼出最强的自己 ………………………………………… 134

## 第六章　银领风采之“壮志豪情”

心有猛虎，细嗅蔷薇 …………………………………………………… 140
创造机会，挑战人生 …………………………………………………… 145
从“做梦”到“圆梦” …………………………………………………… 151
方向比速度重要 ………………………………………………………… 156
积跬步可致千里 ………………………………………………………… 161

后　　记 ………………………………………………………………… 166

# 第一章　银领风采之“明德惟馨”

银领学院依托开放式的订单人才培养机制，积极吸收行业员工培训和管理的经验，开展具有“银领品格”的德育教育，既体现出“高”的层次，又体现出“职”的特色，由此培养出一批品德兼优的优秀毕业生，使他们在走入社会后实现“华丽逆袭”。

# 吐丝做茧，破茧成蝶

**【人生格言】**

做事就是做人。开始做了，就要坚持做好。做好了既对得起自己，也对得起别人。如果尽己所能，还是没能做好，我们也要想清楚原因，是客观环境造成的，还是主观能力不够，想想能不能做好补救工作。

——余春霞

**【银领故事】**

回想起自己与浙江泰隆商业银行的结缘，余春霞说，那就像是一次命中注定的邂逅，如果辅导员张老师没有帮她报名，如果她没有选择回去面试……那么今天的一切可能都是另外一副光景。正是这个注定的邂逅，让余春霞“误打误撞”进了浙江泰隆商业银行，走过了九个年头。

九年，让一个浙江金融职业学院银领学院普普通通的大学生，成长为浙江泰隆商业银行德清支行的行长；九年，余春霞像一条毛毛虫，一刻都未曾懈怠，吃食，蜕皮，吐丝做茧，破茧成蝶，最后飞上枝头翩翩起舞。

她苦练专业技能，以高标准严格要求自己；她虚心学习，向榜样看齐，不断提升和完善自己；她尽职尽责地完成接手的各项业务，得到客户的大力夸赞；她从零开始“二次创业”，在艰苦环境中突破自我收获成功……从柜员到客户经理、部门总经理，再到出任浙江泰隆商业银行德清支行首任行长。

这个来自杭州淳安的姑娘，凭着自身的努力一步一步向梦想靠近。

## 把自己逼向另一个极端

说起余春霞，不管是同事、朋友，还是曾经的同学，都对这个性格温柔、工作学习能力突出的淳安姑娘赞赏有加。“其实，我以前做事情总是拖拖拉拉的，也没什么耐心，但是进入银领学院学习后，我慢慢意识到自己想要的东西，想到自己今后的发展方向，知道不能再抱着玩的心态了，所以不停地告诉自己要改变，只有这样才能有收获。”余春霞暗暗跟自己较劲，从一点一滴的小事上开始改变，直至蜕变。

“在学校上技能课的时候，需要使用五笔打字法，但我原先都是拼音打字，不会五笔打字，必须从头学起。”学习五笔是一件很烦琐的事情，但是余春霞看到班上的同学都努力上进，自己当然也不能落下，下定决心要啃下这块硬骨头。“我每天要练上好几个小时，上课练，回到寝室也练。”不光是在练五笔打字这件小事上，在其他任何专业技能的学习上，余春霞都抱着一百二十分的激情去做、去学习。“我还报考了银行从业资格、会计从业资格等考试，充分利用在学校的每一分钟，把知识学精，把技能练好。”几分耕耘几分收获，在银领学院订单班里，余春霞的成绩总是排在前列。

在工作岗位上，余春霞同样如此，时刻把勤奋好学放在首位。刚刚进入浙江泰隆商业银行实习的时候，余春霞碰到了不少的困难。“当时，银行安排我到事后监督岗位，工作内容就是将每天放贷合同、传票、业务办好以后的资料收集过来，检查差错。我大一、大二主修的是文秘专业，所以不懂这些业务，连合同都看不懂。”就是这样一个什么都不懂，看似误打误撞进入银行实习的大学生，仅仅用了两个月的时间就熟悉了业务知识，能够独自胜任实习岗位。“我也没用什么特别的办法，就是跟着银行的师傅学习，不懂就问，每次师傅把差错找出来我就贴张小黄条并在上面做记号，慢慢地就能看懂很多东西了。”余春霞说，“我一直相信只要愿意学习，就不愁找不到老师，身边的每个人都是我的老师。”余春霞不仅在工作日里兢兢业业，即使在周末，但凡有事她也总是任劳任怨。“我周末也没有什么事情，有工作任务正好可以锻炼锻炼自己。浙江泰隆商业银行竞争很激烈，如果没有耐心，不肯吃苦，只想坐在办公室里混日子，很快就会被淘汰的。”

有人说，这世上有一些事，我们只有把自己逼向另一个极端，逼到无路可走，然后奋身一跃或舍命一撞，才会撞开一个新的世界，跃出一个全新自我。或许，那时的我已不再是我！

## 这小姑娘值得信赖

最初，余春霞怀揣着成为一名优秀银行柜员的目标踏上工作岗位。但是人生总是这么“凑巧”，一如当初辅导员张老师给了自己一次全新的机会，她再次遇到了生命中的另一位重要人物——职业启蒙导师，也正是这位启蒙导师改变了余春霞的职业方向，让她找到了更适合自己的定位——客户经理。

成为客户经理后，余春霞开始跑业务，但是由于不熟悉业务、缺乏工作经验，她碰到了不少难题。

“记得有一次，经老客户介绍，我接到了一个100万元的业务。第一次做这么大的业务，我真的很紧张，合同老是写错，导致客户签字都签了好几次。”每每说起这件事，余春霞总是打趣道：“那时候我说得最多的四个字就是‘不好意思’了，好在客户脾气很好，还常常安慰我，让我别着急，慢慢来。”在一次又一次的查漏补缺、一回又一回的道歉改正中，合同总算勉勉强强过关了，余春霞本以为可以松口气了，可谁知临近贷款发放时，又检查出合同有一处错误，而这时候客户在金华出差，这可急坏了余春霞。想着在办公室干着急也不是办法，她一咬牙就连夜赶到金华去改签合同。为了能让贷款按时发放，余春霞半夜签完合同又连夜赶回单位。“虽然这笔业务几经波折，但是我给客户留下了很深的印象：一方面觉得我大学刚毕业，经验不足，做事不容易；但另一方面也觉得我是一个很真诚、工作很认真的人。这个小姑娘值得信赖！所以，她后来又给我介绍了一些客户。”

在外人看来，余春霞或许是幸运的，能够碰到一个如此善解人意的客户，但她付出的努力才是决定因素。一个初出茅庐的客户经理，肯定会有不足之处，但是她并没有因此而回避、退缩。对于出现的纰漏，她主动承担责任，以积极的心态解决问题，用真诚赢得客户的信赖，这才是成功的法宝。

认真做事，用心做人。随着业务能力的不断提高，加上余春霞踏实肯干的工作态度，“这个小姑娘值得信赖”的好口碑在客户中慢慢传开，甚至有不少客户点名找她做业务。“一开始是客户介绍客户，慢慢积累人脉，到后来是坐在办公室都能接到源源不断的客户电话。”余春霞说，“其实积累人脉并不是一件很难的事，无非就是两点：一是做一件事，开始做了，就要坚持做好，做到让客户满意为止；二是即使自己没有做好，也要跟客户解释清楚原因，并做好补救工作。”

人脉的积累不是靠花言巧语，而是靠真诚的态度、实打实的工作取得客户的信任。在工作上，余春霞总是严格要求自己，尽自己的最大努力将每一件事情做好。也正是这一点一滴、尽心尽责的勤奋努力，才让余春霞逐渐构建起属于自己的人脉关系网络和客户群，在业绩上遥遥领先。

## 成功的路上并不拥挤，是因为坚持的人太少

如果说，从一个懵懵懂懂的实习生蜕变为独当一面的客户经理是余春霞在

职业生涯中“小打小闹”的成长，那么带领同事在新开设的德清支行从零起步做大做强，则是余春霞挑战自我取得的一次质的飞跃。

为拓展业务，浙江泰隆商业银行决定在湖州德清开设支行，并把这个重担交给了业务能力突出的余春霞。“这对于我来说算是‘二次创业’，说实话，面临的挑战挺大的，毕竟到新开设的德清支行，相当于一切从零开始，而且人生地不熟的，充满了未知。”余春霞说道。去还是不去，余春霞有些犹豫。“因为我是一个比较爱面子的人，做不好肯定不会再回到原来的单位，只能换一份工作。好在家人很支持我，鼓励我大胆去做，不要害怕。”在家人的支持和鼓励下，余春霞带着两个同事，来到了德清支行，开始“招兵买马”落实各项事务。

“当时最让我头痛的就是房子了。因为现在的这个房子是国家财产，一般情况下不外租的，因此比较麻烦。那时，所有员工都挤在一个临时办公点，一点儿都不像一个正常运营的银行。从参加工作开始，我都是在有网点的地方办公。但是，来到这里时，连一个办公室都没有。就如一个孩子原来有一个温馨的家，一幢大大的房子，突然，把他扔到一个完全陌生的城市，要他自己找房子。我就像一个无家可归孩子，完全不知道该怎么办！”

余春霞虽然心里没有底，但是作为领头羊，她告诉自己一定要担起责任，凡事都要去勇敢尝试，这样才能对得起领导交予的重任，对得起自己和信任自己的同事。带着这个想法，余春霞抱着克服一切障碍的决心，每天带着一壶茶在外面跑，不喊一声累。“那时候我就跟出租车司机一样，天天在外面跑。”功夫不负有心人，在余春霞的不懈努力下，办公地点终于得到了解决，当时德清县的相关部门也愿意把这个房子外租作为银行办公点。之后办公室也开始正常装修。有家了，银行的业务也开始慢慢步入正轨。

有人说：“成功的路上并不拥挤，是因为坚持的人太少。”一个人能够获得成功绝对离不开坚持与自我锻造。这种坚持不仅体现在大局上，也体现在细微处。德清支行刚开设时，只有余春霞及一起来的两位员工，即便只有三个人，余春霞还是坚持每天晚上开市场调查研讨会，分析支行的市场定位、竞争对手、业务情况，以及德清的整个经济状况。这样的坚持开始曾让一同来创业的搭档心生微词。因为在他们看来，只有三个人的团队见面说话讨论工作就是开会了，根本没必要这样正儿八经地每天再开一次研讨会。况且，创业初期大家都非常辛苦，但是余春霞却认为开会与团队人员多少没有关系，关键是统一思想，只有大家都统一思想，明确德清支行的市场定位及客户需求才能更好地打开局面。

事实证明她的坚持是正确的。“如今的德清支行一共有职员35人,总规模业绩已经达到5亿元,在同级别的支行中名列前茅。”从一间临时办公室到一个业绩突出的地方支行,从最初3个人创业到现在35个人携手同行,德清支行从无到有的跨越式发展离不开余春霞的努力奋斗。她说:“我也曾经怀疑过自己,觉得这是一个不可能完成的任务,但因为我选择了去尝试,才有了今天的成功。其实,人生最大的挑战就是突破自我,勇于尝试。”

**【师长点评】**

鲁迅先生有言:“单是说不行,要紧的是做。”不管是在学习上,还是在工作中,重要的还是去做,将实际行动落到实处,凡事都不能做“语言上的巨人,行动上的矮子”。有梦想就要付诸实际行动,这也是浙江金融职业学院银领学院对所有莘莘学子的期望。

人生没有捷径,在成功的道路上只有脚踏实地,才能不断锻造自我,砥砺前行。余春霞的奋斗过程便是如此。

人生也总是充满各种各样的挑战,成功靠的是“不轻言放弃”的信念。“人生在勤,不索何获。”余春霞从一名普普通通的大学生成长为德清支行行长,这是在一点一滴量的积累上获得的质的蜕变,她在砥砺中走向成功。

通过余春霞的故事,希望所有在校大学生能够明白成功不是喊口号,追梦靠的是实实在在的努力,只有在不断的锻造自我中勇敢前行,才能改变自己,让人生绽放绚丽光彩。

# 路虽远，行则将至

**【人生格言】**

我认为，人最可贵的是踏踏实实地做事，兢兢业业地工作，诚诚实实地交友，坦坦荡荡地为人，本分自然地生活。他们说，这也是成功人士的秘诀。因此，我坚信，只要坚守自我，不断努力，不断付出，总能迎来硕果累累的“秋天”。

——薛良良

**【银领故事】**

从2011年进入浙江泰隆商业银行成为一名普通的业务员，到2016年成为城东支行业务部总经理；从月薪1750元到年薪近30万元，薛良良用了五年。这个年仅28岁的青年，是浙江泰隆商业银行的业务标兵，也是浙江金融职业学院银领学院在校学生的榜样。

一切成功皆非偶然。薛良良的路，是他用汗水一步步走出来的。他远比我们想象的强大：他也曾胆小内向，但他没有让人生短板成为职业发展的拦路虎；他也曾在烈日下晒得脱皮、一讲话就嘴巴痛、疲惫到倒头就睡，但他没有让困难成为放弃梦想的理由；他也曾对他人的晋升羡慕不已，但他没有让负面情绪击垮努力的决心……

“成功的人不一定是最聪明的人，但一定是脚踏实地的人。路虽远，行则将至。”这是属于薛良良的奋斗史。

## 你还是做柜员更合适一些

黑框眼镜，白衬衣，黑西裤，在台下的薛良良一身银行“标配”，与母校银领学院订单班的学弟学妹如出一辙，乍一看，还以为是哪个刚进校的笑容腼腆、不善言语的青葱少年。但是，一上演讲台，薛良良就如同变了个人，从容大方，侃侃而谈，半个多小时的演讲妙语连珠，不断引来雷鸣掌声。

“你肯定想象不到，我曾经是个胆小鬼儿，内向得很。”在潍坊长大的薛良良，“吐槽”起自己来还是有一股“山东味儿”，“所以从一开始，几乎没有人觉得我可以成为一名优秀的业务员。”薛良良还记得去浙江泰隆商业银行报到当天，因为内向，他一个人坐在最后一排，不言不语，与四周热闹的氛围格格不入。偶然路过的人力资源总经理看到这一幕，对他说：“依你的个性，你还是做柜员更合适一些。”

这句话像一根刺扎进了薛良良的心，让薛良良下定决心“做出点成绩给他们看看”。然而，现实给薛良良浇了一盆更大的冷水：单独拜访客户时，他因为“开不了口”而被拒之门外；介绍业务时，他因为“3 分钟就讲完”而让现场陷入尴尬，一次次失去完成业务的机会。咋办？为了扭转“拜访客户讲话不超过 3 分钟”的困局，薛良良就给自己“掐表”，从“没话找话也要讲满 5 分钟”开始，或一个人在家里演练，或找单位同事“对戏”。同时，为了能够及时“接住客户抛出来的话题”，薛良良在熟练业务材料、提升专业素养的基础上，分门别类地收集、关注各类经济社会信息动态，扩大知识面。

这样“一对一”的演练，使薛良良在客户沟通方面有了极大的进步，但薛良良还是觉得“少了一味”——话题掌控力。为此，薛良良很珍惜每一次的发言机会，但凡单位有文娱活动，他就主动报名担任主持人。每一次主持或发言，薛良良都要悉心准备很长一段时间，一篇几百字的主持稿要修改十来遍；为了能应对临时突发情况，节目中的串词他经常准备两三个版本。逐渐地，从全程念稿到大纲提示再到脱稿演说，薛良良的沟通能力越来越强，气场越来越大。

付出终于有了回报——入职实习半年，借“口才”之力，薛良良完成了 500 万元的存款量，顺利转正。连薛良良所在的支行行长都忍不住竖起大拇指：“这样的员工不转正，还让谁转正呢？”

“没有一个人是完美的，但是我们可以让自己不断趋于完美。唯有克服自己的短板，适应职场环境，才能让自己有所成就。”如今，在演讲方面颇有建树的薛良良将重心转移到“攻克”团队管理的短板上：“在业务上我或许已经是老手，但在管理上我还是菜鸟，从做业务到管人，对我而言是一个全新的挑战。”

## 一个靠谱的小伙子

2011 年冬天，薛良良负责“跟”一个客户，三个月下来却依然没有任何进展。有一天下午，客户又一次看到薛良良“猫”在办公室走廊等他，便随口问了一句：“如果存 200 万元定期到你们银行，利息是多少？”这话如同“黑夜里的灯塔”，让薛良良看到了希望。为了表示郑重，薛良良没有当下给予反馈，而是立即赶回银行,按照银行规定和存款公式,逐一验算,并又额外定制了几个存款方案。趁着天色未晚,薛良良将这份纸质材料送到了客户手上。客户被他的诚意和周到感动了,终于“松了口”:“我白天都很忙,没有空,你可以的话晚上 11 点以后过来。”喜出望外的薛良良一口答应。

深夜 11 点,薛良良按时赶到了客户单位,然而没想到的是,客户因为工作劳累和衣躺在沙发上睡着了。满怀信心的薛良良只能铩羽而归:“客户的公司在杭州下沙郊外,那天夜里,周边没有路灯,我一个人骑着车,又冷又失望。我想这个感受我会铭记一辈子。”然而上天总会眷顾坚持不懈的人的,第二天,客户主动给薛良良打了电话,愿意将原本存在其他银行的 80 万元存款转到薛良良所在的银行。

事实上,被薛良良打动并最终成为他的“铁杆客户”的人不在少数。薛良良读书时的宿管阿姨就是其中一位。实习期间,薛良良常常加班到晚上 10 点,每次回到学校都要麻烦宿管阿姨开门。一来二去,薛良良就和宿管阿姨熟悉了。一扇门、一把锁,让宿管阿姨看到了薛良良工作的热情和踏实的品质。当知道薛良良转正有存款“指标”后,阿姨主动拿出了 5 万元,坐公交车去市区存款。这成了薛良良转正前的第一笔大额存款业务。此后,宿管阿姨还把薛良良介绍给自己的同事。在她看来,“一个靠谱的小伙子,所在的单位也一定是个靠谱的单位”。宿管阿姨的行动感动了薛良良,而她的话更激励了薛良良。

可有谁知道,这个“靠谱”的背后:为了工作,他和同事挤 80 元一晚上的小旅馆;为了省钱,去肯德基买一个汉堡,睡“免费”的椅子;为了业务,最多一天跑几十千米,见了十几个客户……

干银行业务这个职业,虽然过程很艰难,但是在薛良良看来,那还不是件惨烈的事儿。“最难以忍受的就是等待,是未知,因为有的时候,你都不知道自己的坚持有没有意义,等到最后会不会有结果。就如马云说的,昨天很残酷,今天更残酷,明天很美好,可很多人死在今天晚上!很多人就因此放弃了。与我一起进银行的 13 个新人,最终只剩下了 3 个。”薛良良也和离开的同学一样迷失过、彷徨过。有的时候,薛良良真的想放弃了,但最终他还是没有让自己随波逐流,而是用坚持证明了“他是一个靠谱的小伙子”。

## 主动是一种姿态,更是一种心态

如果要给薛良良贴一个标签,他的同事们都会选择“主动性强”。这在薛良良实习期间就可见一斑。在完成自己的工作之外，薛良良常常主动帮老员工分担事情。有一次，他看到一位前辈在加班整理季度合同，就主动上前，一直帮忙整理到凌晨2点才回家。正因为薛良良的主动，他在单位有了好口碑，前辈们也都愿意“指点”他。这让初出茅庐的薛良良受益匪浅，这是他顺利渡过实习磨合期的另一关键助力。

除了主动帮助他人，薛良良还承担了单位计算机管理与维护的工作。毕业于计算机信息专业的他，计算机应用与维护技能突出。虽然从事业务工作，但考虑到所在支行刚刚筹建，没有专职的“信息员”，薛良良就毛遂自荐，以志愿者的身份，利用业余时间解决单位内部的相关信息类问题。薛良良的“双重角色”成了单位一道可爱的风景线。而他这一干，就是整整五年。

“主动是一种姿态，更是一种心态。”薛良良认为，主动是机会的源泉：“很多人都说没有机会，其实机会是靠自己去创造的。很多时候，一个积极主动的人要比一个消极被动的人能得到更多的机会。古人云：与其临渊羡鱼，不如退而结网。这就是主动与被动的差异，有的人喜欢站在河边看着河里的鱼流口水，总希望河里的鱼可以自己跳出来，最好是跳到自己的锅里去，这是典型的守株待兔的消极派；而有的人却主动回家织网去了，用不了多久他就吃上了自己打上来的鱼，这是多么美好的生活啊。其实我们缺少的不是机会，而是主动去寻找机会的态度和行动。”

薛良良最开始“主动作为”也是无意识的，但是2014年的一件事情让他开始有目标、有意识地主动作为。2014年，已工作三年的薛良良遭遇了瓶颈。看着其他老员工一个一个晋升，他开始按捺不住：“为什么我被剩下了？为什么我没有动静？”带着这样的苦恼，薛良良开始反思自己近一段时间的表现。然后他发现了问题所在：一方面，自己明明有想法，却没有主动去争取，错失了晋升的主动权；另一方面，工作进入稳定期后，安于现状，没有主动开拓、再次创新的意识，故而“浪费了时间”。之后，薛良良开始“对症下药”。果然没多久，他就在业务部总经理助理的岗位竞聘中脱颖而出。

很多人认为抓住机遇的人非常幸运，而自己则没有得到幸运女神的眷顾。岂知一次“幸运”，靠的是长时间的蕴蓄。每个人一生中可能都会出现几次改变自身命运的机遇，但是只有很小一部分人抓住了，成功了。薛良良正是如此。正如他写给学弟学妹的寄语：“天下没有免费的午餐，任何事情都要靠自己的行动去争取。拥有大好的资源，却一直停留在幻想上，坐等机会，那永远也不可能实现自己的梦想。只有采取行动，为自己的梦想而努力，才能得到机遇的垂青。”

**【师长点评】**

《荀子·修身》云：“路虽弥，不行不至；事虽小，不做不成。”意思是，路程虽近，不走就到不了目的地；事情虽小，不做就成功不了。这是浙江金融职业学院银领学院德育理念的核心之一，即培养勇于行动、敢于主动、善于坚持的“银领人才”。

金融行业人才济济，从行业菜鸟到卓越银领是一场艰苦卓绝的“战役”。近年，有不少订单班的实习生被退回原专业，也有部分学生在实习单位被警告批评，就是因为这批学生在工作中缺乏耐力，缺乏主动意识。而唯有像薛良良这样将“行动、主动”奉为圭臬的人，才能经受住大浪淘沙，才能看到最美丽的彩虹。

通过薛良良的故事，希望能够让在校的学生真正认识到“成功是没有捷径可走的”，引导他们在心怀美好理想之外，沉心静气，脚踏实地，走出属于自己的成才之路。

# 唯坚韧者方能遂其志

**【人生格言】**

在我们生活的七色板中，需要亲朋好友的掌声，需要温暖人生的阳光，需要海洋般的胸怀……但最需要的是坚韧不拔的毅力。狄更斯说，顽强的毅力可以征服世界上任何一座高峰。拥有顽强的毅力才能在遭遇困难时百折不挠，拼搏进取，直到克服困难。有志者事竟成，顽强的毅力是超越自我的必要条件。

——李泽原

**【银领故事】**

“大家好，我是2013届银领学院‘订单班’的毕业生李泽原，今天我的演讲主题是‘唯坚韧者方能遂其志’。”主持人报完幕，李泽原从容地走上演讲台，毕恭毕敬地向在场的学弟学妹们鞠了一躬。随着一腔浑厚的嗓音，巨大的PPT幕布上播放着他三年多来工作与生活的画面。

短短十几分钟，他以自身经历为例，从点滴小事入手，展示了一个个精彩的案例，分享了一条条珍贵的经验，最终揭示了当好一名银行客服专员的优秀品质：坚守初心，坚持到底，唯坚韧者方能遂其志。

作为不折不扣的“90后”，李泽原看上去虽略显稚嫩，但笔挺的正装，淡然的神情，显得他十分自信。从2013年进入浙江省农村信用社联合社至今，他从一名最基层的客服专员做到了座席班长助理，尽管只是一个微小的跨越，却也需要付出非同寻常的努力与艰辛。他用自己无声却有力的行动告诉大家，成功就在于多坚持一点点，只有坚韧不拔的毅力方能成就一番事业。

## 入学，执着之心显端倪

生于1992年的李泽原，是一名土生土长的杭州人，家境还算不错，但父母坚持“男孩穷养”的育儿观念，并没有让他享受无限特权，这反而塑造了他独立自主的性格，他从小就不太喜欢麻烦别人。与大多数同学不同，李泽原没有参加过高考，而是选择了高校自主招生这条升学道路。当然，无缘亲身体会高考前后的百态滋味，也成了他人生当中的一大憾事。

“选择学校不能马虎，毕业等于失业的情况决不能出现在自己身上。”李泽原在选择学校时有自己的想法。后来，他了解到浙江金融职业学院与金融机构合作办的银领学院以“订单班”形式定向培养金融人才，从“订单班”出来的学生基本都能进入银行工作，于是锁定了目标。最终，从近千名的自主招生考生当中，他以前50名的成绩顺利进入浙江金融职业学院。在专业填报上，他结合自己的兴趣和父母的建议，选择了金融管理与实务专业。他认为，这个专业不仅能够学到管理方面的知识，更能掌握不少技能。

刚入大一，李泽原就想趁着年轻多学点技能，这样毕业后找工作就更有优势。从此，他一门心思扑在点钞、五笔和传票三项技能学习上。上课认真听老师讲解，下课琢磨提高操作速度的方法，一有想法马上跑到实验室尝试。在技能学习过程中，李泽原展现了超强的毅力，每当遇到突破不了的瓶颈时，他都会主动请教学长学姐和技能老师林莉。或许是他身上的这股韧劲儿打动了林老师，林老师毫无保留地传授他相关技能。一年时间，李泽原的三项技能就在班级中处于领先水平。他觉得，既然认准了一件事，就应该一门心思把它做好。当然，老师的帮助也是让他技能得以提升的关键因素。

到了大二，李泽原开始有意识地参与一些学校的社团活动。他说：“利用这个平台可以结识更多朋友，并发挥自己的兴趣专长。”在老师的建议下，他加入了学校的体育部，担任副部长一职。那时，学校正大力推进“校园体育”建设，其中包括“晨跑打卡”活动，规定每位学生在学期内必须完成相应的晨跑次数，并列入学分考核。身为体育部副部长的李泽原，每天要按时守在操场上等着一个个同学晨跑完毕排队打卡。这并不是一项轻松的工作，一年四季，每天早上6点多就得准时到操场等候，没有足够的毅力是坚持不了的。“那段时间，我都是寝室里起床最早的一个，同学们只要达到学校规定的晨跑次数就可以不用继续晨跑了，但我作为考核人员必须坚持到学期末，等待全部数据统计完毕才算完成。‘晨跑打卡’磨炼了我的毅力，让我受益匪浅。”李泽原满脸自豪地说。

## 订单班，坚韧气质露锋芒

大二第二学期，银领学院订单学生选拔工作如期开始，李泽原毅然选择了参加面试。当他选择报名参加浙江省农村信用社联合社的“客服中心订单班”面试时，同学们都很不解，认为客服专员是更适合女生的岗位，柜员岗位才是男生的最佳选择。“尽管同学们不理解，但我认为客服专员是直接面对需要帮助的客户，如果能够用自己的服务帮助他们解决问题，那么我的价值就能得到最大的体现。如果我能做好这个岗位，那么其他男生同样可以，这也为今后其他想报这个‘订单班’的学弟们提供了一个参考。”李泽原说道。对于认准的事情，他总会执着追求。

顺利进入“客服中心订单班”之后，李泽原遇到了班主任孙淑萍。孙老师是学校打传票最厉害的老师，这一点他早有耳闻，他知道这是精进自己专业技能的绝佳机会。为了能够引起孙老师的注意，他毛遂自荐，表达了想当“订单班”班长的意愿。孙老师非常欣赏他的自信，加上他是班里唯一的男生，管理这个几乎清一色都是女生的班级，或许更得心应手，于是很爽快地答应了。身为班长，李泽原不仅把班级的各项事务管理得井井有条，而且营造了良好的学习氛围。

这一切，孙老师都看在眼里、喜在心里，也对他提出了更高的要求：“尽管你就读的是‘客服中心订单班’，但只有熟练掌握点钞、传票和五笔三项技能，你的金融职业生涯才能不断进步，如果想学好学精，尽管来找我。”李泽原等的就是孙老师的这句话。从此，他只要一有时间就找孙老师求教。名师出高徒，有了孙老师的指点，李泽原的专业技能自然更上一层楼了。

## 职场，非凡毅力遂其志

到了大三的第二学期，李泽原正式进入浙江省农村信用社联合社实习。他知道，这是一轮新的挑战，但是两年半的大学生活告诉他，不管遇到什么困难，一定要坚持下去，坚信自己的毅力能够战胜一切。

初来乍到，单位安排他担任客服专员，他对这个岗位充满了期待。然而，万事开头难，尽管在学校已经将一系列流程演练得驾轻就熟，但是真正切换到实战中，还是出现了不适应。令他印象最深的是刚进入单位实习不久，一次，部门的两位主管要集中对“订单班”的学员进行模拟测试，部门主管在电话的另一头以客户的身份向学员们咨询一些问题。眼看着一位位学员登场测试，李泽原本来就不平静的心变得更加焦虑起来。当叫到他的名字时，他的脑袋几乎一片空白。在随后的测试环节中，紧张的情绪明显影响了他的正常发挥，他甚至出现了答非所问的情况，测试结束后他也意识到了自己的失误，显得十分懊恼。“这是自己第一次正式实战操作，加上电话那头是部门主管，回答的时候考虑得比较多。其实测试的那些问题都是平时训练过的，但我实在太紧张了，都不知道自己回答了什么。"多年之后回想起这件事，李泽原仍感慨万千。

根据李泽原在测试中的表现，部门主管林琦告诉他："制约你的并非专业技能，而是心理素质。"林主管的话一针见血，直中要害，李泽原欣然接受。可是，要养成过硬的心理素质并非一朝一夕之事，需要长时间的打磨，极其考验一个人的意志。李泽原没有退缩，为此，他给自己制定了两条硬性目标：第一，接听更多电话，以此发现问题寻找不足，并锻炼自己的心理素质；第二，每天外呼电话不低于100个。随后，他也是这么做的。此后，他即使碰到一些难以沟通的客户，甚至出现被客户谩骂的情况，他都淡然接受，并保持耐心，一次不行就多解释几遍，直到问题解决为止。"客户在遇到解决不了的问题时，自然而然会想得到我们客服中心的帮助，偶尔碰到一些比较难缠的客户，我们也不能跟他们一样出现情绪波动，而是要用真诚的服务精神为他们解决问题。"李泽原说道。

正是因为他对待业务的这份执着与坚韧不拔，让他一步步坚持到现在，并且已能够从容应对突发状况。进入单位一年之后，恰逢单位客服专员晋升的机会。在熬过了最难的那段岁月之后，李泽原觉得自己各方面的能力和心理素质都有了长足进步，但是相比一些经验更丰富的同事，他的优势并不明显。要不要报名竞争，他一时举棋不定。他把自己的困惑告诉了孙老师，孙老师告诉他："你不尝试，怎么知道你就比别人差呢？你的年轻、执着、永不服输的性格，就是你最大的优势。"孙老师的一席话让李泽原如释重负，他鼓起勇气报名参加座席班长助理岗位的竞争。机会总是垂青有能力的人，李泽原在几位竞争者中脱颖而出，如愿坐上了座席班长助理的位子。

职位的提升，意味着李泽原的职责随之增加了，现在他已经拥有了自己的一个十余人的小团队。他懂得把压力转化为动力，在带领团队不断前行的基础上，自己也在不断摸索与尝试，尽管遭遇困难在所难免，但是一贯的毅力还是让他勇往直前。出色的带队能力、优秀的个人表现，让他赢得了部门主管林琦的赞赏："李泽原是客服中心稀少的男员工，也是做得非常好的一位，岗位适应能力极强，性格活泼，创新意识和主动服务意识也很强。"林主管还透露，她最看重的还是小伙子身上的那股韧劲儿。在早期客服中心实习的那段时间，由于部门里女同事居多，一些人要照顾小孩和家庭，所以对上晚班比较排斥。李泽原主动向林琦提出来与这些人调班，最忙的时候曾连续上了近两个月的晚班。换作别人，可能坚持不了一周就要打退堂鼓了，李泽原硬是扛了下来，这份担当、这种毅力让他在同事中备受好评。直至现在，当他得知有同事需要调晚班时，只要没有其他安排，他还是会主动跟他们调班。

**【师长点评】**

每个人都有自己的理想，也都有追求理想的不同轨迹。遇到困难挫折，有些人选择永不止步，朝着理想勇往直前；有的人则滞留于半途，不再前行。其实，上天给予每个人的机会都是均等的，实现人生理想最关键的还是自己有勇气直面一个个困难，并尝试战胜它们；是自己有坚持不懈、永不放弃的精神；是自己有不轻易向困境认输的钢铁般的毅力。

为了帮助学生养成良好的学习习惯，银领学院每名学生都有《千日成长记录》和《千日成长指南》两本小册子。《千日成长记录》是学生每学期的成长目标、阶段性成长记录、成长小结等的记录，也是学生在校期间学习生活的成长档案，涵盖政治进步、学业进步、技能进步、社团活动、考证考级等方面。《千日成长指南》则是对学生的培养方案，包涵所有课程设置、知识学习目标、能力锻炼目标、素质提升目标等。记好用好这两本小册子，既是学生成长的最好记录和见证，也是学生做事有无恒心毅力的体现。

李泽原的家境与同龄人相比，应该还算不错，但是他不想依靠这种先天的优势，只想靠自己坚持不懈的奋斗闯出一片属于自己的天空。他的故事告诉我们，追求成功的过程可能并不轻松，但是追求成功的那种执着却可以让你克服一切困难，直至终点。

“不经历风雨，怎能见彩虹！”只有一步一步地坚持下去，才会到达成功的彼岸。对于当下每一位高职学子而言，尽管在学历上并不占优势，但是只要肯将自己的目标坚持下去，离成功就会越来越近。

# 咬定责任不放松，成功就在担当中

**【人生格言】**

林肯说，每一个人都应该有这样的信心：人所能负的责任，我必能负；人所不能负的责任，我亦能负。如此，你才能磨炼自己，求得更高的知识以进入更高的境界。我想，每个人来到这个世界都有他的责任，哭着过不如笑着活，如果有了责任就要去担当，既尽力而为又量力而行，但始终不要停止前进的脚步。

——徐龙荣

**【银领故事】**

到蚌埠市横店电影城找徐龙荣是一件蛮有趣的事儿，那场面就如同走进电影《黑衣人》：在一栋看似平常的办公楼里，男主人公J探员打开一扇门，顿时出现了另外一个世界，让人不禁赞叹编剧的脑洞大开。在现实中，你肯定想不到也能遇见这样的场景：走进一座环形建筑里，几乎所有店铺都空空的，甚至连说话都可以听到回声，宛如一座“空楼”。可几经旋转绕弯，忽然便峰回路转，瞬间眼前出现了另一番全新的景致，别有洞天，颇具戏剧性的场景让观影者提前体验了一把探险的味道——这便是蚌埠市横店电影城，徐龙荣工作的地方。

徐龙荣2015年毕业于浙江金融职业学院，是银领学院第一届横店影视订单班的班长，目前是蚌埠市横店电影城的店长。三年时间，从班长到店长，身份虽然不同，但她勇于担当的精神和乐观向上的态度却始终如一。

## 青葱岁月，初识担当

徐龙荣认为，她自己是一个非常幸运的人，能在这样一个适合自己并且自己喜欢的学校度过美好的青春时光。也正是在这里，她与横店影视股份有限公司结缘，并从此开启了她的职业生涯。

大三伊始，订单班进行班干部竞选，徐龙荣向老师自荐，并最终成为银领学院首届横店影视订单班的班长。回想起这一幕，她仍非常感激班主任孙淑萍老师对她的信任和支持。对待班级事务，她尽心尽力，积极带领班上的同学为班级争取荣誉。一次，学院举办运动会，徐龙荣了解到其他订单班的同学都有对接公司提供的工服，唯独横店订单班的同学没有工服。有些同学得知后议论纷纷，私底下抱怨公司“小气”，但是大家好像也没有好的办法。徐龙荣说，当时她想：“是不是因为我们班是第一届横店影视订单班，所以公司对一些细节不是很了解，没有考虑到这些呢？”“我是班级的班长，理应站出来做好学校与公司的沟通工作。”“于是我就写了一封信给公司领导，为班级同学申请工服。”徐龙荣说道。那是她第一次和公司领导沟通，却没有胆怯，正是为班级服务的责任感给了她担当和勇气。

大三下学期，横店影视订单班学生需要去总部实习。第一次开会时，徐龙荣带领全班32名同学准时到达会议地点，给总部领导留下了很好的印象。去公司前，一些同学犹豫着要不要化妆和穿正装，徐龙荣果断地说：“当然要化妆、穿正装，这既是我们所学的礼仪，也是对别人的一种尊重。”《论语》有言：不学礼，无以立。而职业礼仪又是银领学院学生的必修课。徐龙荣对银领学院的校园文化有着深刻的认同感，因此她将学校传授的内容躬行实践、学以致用。

开始实习时，所有同学都要从最基本的工作做起，售票、检票、分发3D眼镜、爆爆米花、放映……原本学习财会专业的学生，到了这里却要从事这些简单琐碎的工作。渐渐地，很多同学心里产生了落差，不能接受这个现实。

徐龙荣也有过放弃的念头，但是想到自己是银领学院首届横店影视订单班的班长，如果自己都坚持不下去了，其他同学怎么办？又何以给学弟学妹做榜样？于是，她很快调整了自己的心态，并找同学谈心，给他们加油。在她的努力下，横店影视订单班的同学都顺利度过了实习期。

## 积于忽微，历练担当

当大多数90后还在父母的呵护下无忧无虑地成长时，徐龙荣已经初尝生活的艰辛。她脚踏实地，破除万难，毕业不到三年，就从一个青涩的实习生成长为独当一面的店长。

敢担当的前提是勇于学习。受过银领学院“勤谨务实”校园文化的熏陶，走上工作岗位后，徐龙荣对电影院里很多基础工作一直坚持不厌其烦地学习，力求熟练掌握电影院所有的一线工作。“担当不是盲目的，首先你要重视学习，知道什么是正确处理方式。即使你做的事情再不起眼，也不能轻言放弃，积跬步才能致千里，积小流才能成江海，如果连简单的事情都不愿意去做，又如何能积累工作经验，抓住更好的工作机会呢？”徐龙荣说道。她认为只有定好目标、做好准备，才能抓住机会、主动出击。

宋有程门立雪，尊师重教，求知若渴。徐龙荣身上也有这种精神。她虚心向前辈请教，下班后自愿跟着前辈一起加班，欣然接受前辈的批评和教导，并且心怀感恩。徐龙荣的努力和真诚也使前辈乐于提点她，让她进步更快。工作认真积极的她得到了领导的认可，不到一年，徐龙荣升任电影院的值班经理，但新的岗位带来了新的挑战。

敢于担当要注重方法。担任值班经理后，徐龙荣肩上的责任重了，如何在尊重制度的前提下，处理好与同事之间的关系是一件比较棘手的事情。初任值班经理时，徐龙荣就碰到了一个难题：之前和同事相处融洽的她，因为身份职位的变化，常常被孤立，甚至被同事“踢”出了微信群。稚嫩的她，忍不住哭了。后来，她了解到被同事“踢”出来，是因为大家觉得她成为值班经理后变得严厉了，因而都有意疏远她。得知原因后，徐龙荣在工作上依然坚持原则，坚定地执行领导布置的任务，工作上仍然一丝不苟，但在生活上处处关怀同事。同事忙不过来时，她主动帮忙，并给同事准备一些水果和小礼物。因为她深深知道，只有让工作人员在公司体会到家的温暖，顾客走进电影院才会有宾至如归的感受。不久后，同事们与她又和好如初了。

后来，徐龙荣调到了一家新开的电影院，因为人手紧张，一线工作如售票、检票等都不能出现空岗的情况，中午只能有半个小时的吃饭时间；并且，公司规定“去吃饭时必须要签名”。有一天，有一位员工吃饭前没有签名。徐龙荣等那位员工饭后回来，微笑着用开玩笑的方式问她：“你吃饭了吗？”那位员工回答说：“我吃过了。”徐龙荣说：“我以为你还没有吃饭，还给你准备吃的东西了呢。不过，你忘了签到吧，那我要扣分喽。”以这种方式与员工交流，他们更能欣然接受，工作氛围变得更加和谐。徐龙荣渐渐学会感知自己的情绪，同时照顾别人的感受。她从不把消极的情绪带给别人，走出家门永远微笑示人。

“要敢于担当，还一定要内心强大。”徐龙荣说道。她说，她永远都记得那一次影城的电梯故障人员被困事件。因为，那是她第一次处理这样的突发事件，心里非常紧张，吓得连说话的声音都是颤抖的。营运经理看见了，特别严肃地对她讲：“这里交给我，你先去把自己的情绪调整好。”徐龙荣当时感到很委屈，之后她认真反思自己的行为，明白了在危急时刻要安抚顾客的情绪，首先要稳定自己的情绪，才有助于快速解决问题，如此顾客才会安心，领导才能放心。徐龙荣说：

“经过那次事件，我发现了自己的不足，然后及时改正，端正态度，勤加练习，再遇到一些突发情况时，我想我已经可以临危不乱，快速准确地处理好问题。”

在点滴积累中，徐龙荣历练了心智，增强了对担当精神的理解。对徐龙荣来说，工作中的每一次考验都是通向成功的垫脚石。1992年出生的徐龙荣已在职场上闯出了自己的一片天地。

## 不忘初心，继续前行

不吝付出，忠于公司，但也敢于表达自己的想法，徐龙荣果敢奋勉、勇于担当的品质得到了公司领导和同事的认可。有更好的工作机会时，她会主动申请，自信是她最鲜明的特点。后来，她成了蚌埠市横店电影城的店长。

成为蚌埠市横店电影城的店长后，她依然心系一线，事必躬亲。办公室里的电器出了故障，徐龙荣会主动修理；电影放映机坏了，她也会亲自抢修。员工们不禁感叹：“店长连放映机也会修！”遇到问题，她首先要问为什么会出问题，然后还要思考怎么解决问题，因此才成为员工眼中的“全能”店长，同时她也会将这些方法传授给自己的员工。“授人以鱼，不如授人以渔。”徐龙荣说道。

吃亏是福，以身作则，这是徐龙荣的处事之道。一次，影院准备布置一面宣传墙，需要挂一块广告幕布。当时雨下得很大，但挂幕布需要爬上近十米高的梯子，没有人愿意去。徐龙荣二话不说，拿起广告幕布就爬上梯子。见此情景，员工们既讶异又佩服，纷纷主动请缨。以身作则，凝聚团队，在管理员工时，她会考虑员工的感受，以员工可以接受的方式与他们沟通。面对竞争者，她也能以礼相待，真诚沟通，建立并维护良好的公共关系，避免恶性竞争。

能吃亏，也能吃苦。电影院逢年过节是最忙的时候，电影院的工作人员通常要工作到凌晨2点钟才能回家休息，而这里又是最能体会到别人的幸福与欢乐的地方，此时与家人、爱人的团聚在他们看来只能是奢望，这大概是一种选择，因为选择，不得不放弃一些美好。虽然已是店长，徐龙荣始终和员工们共进退，她已经连续四年没有回家过年了。她说：“回家了我也不放心，即使人在家里，心还是时刻牵挂着影院。”在她的精心管理下，这个“大家庭”更为精诚团结，屡创佳绩。

无论员工还是顾客，甚至是同行的竞争者，她都能友好相处、善意相待。有问题会和员工一起商量，并虚心听取员工意见；员工之间有矛盾了，她会及时调解，充当“和事佬”的角色。有时候，影院会“闯进”一些醉酒的人，徐龙荣就安排值班人员一直守在其身旁，并不时加以照顾。这样的举动不仅为影院树立了良好的形象，也为社会增添一丝温馨，彰显了服务的真谛。

谈到未来，徐龙荣满怀憧憬，她热爱自己的职业、忠于公司。对待工作徐龙荣没有太多华丽的设想，她认为自己还有很多需要学习的地方，尽管未来有很多不确定，但她很清楚自己应该怎样出发，因此对未来不曾感到畏惧。

回想三年前，自己还是一个懵懂少年，而现在已经褪去青涩，眼神中多了一丝坚毅。遇见挑战，她不抱怨，不服输，勇往直前，每一个难题在她眼里都是可以汲取营养的“宝藏”。如今的她很感谢自己当初的坚持，并将不懈努力，继续前行。

**【师长点评】**

浙江金融职业学院银领学院一直坚持把“立德树人”作为学院的立身之本，把社会主义核心价值观贯穿于办学育人全过程，注重培养学生的家国情怀和担当意识，注重培养学生惜时如金、苦练技能、明礼诚信的品德，让学生在最好的时节修身学技，为人生奠定良好的基础。

荧屏中励志的故事有很多：《铁甲钢拳》里，主人公醉心机器人拳击比赛，屡受失败却越挫越勇，终获成功；《风雨哈佛路》中，主人公战胜困境，破茧重生，考取哈佛大学……前段时间被称为中国版萨利机长的川航英雄机组，在飞机遇到紧急情况时，空乘齐声喊“让乘客放心，相信我们，别担心，机组人员有能力让大家安全着地”，体现了新时代服务人员的新担当，是全体服务人员的学习榜样。

生活中有很多人沉醉在别人的故事中而荒废了自己的人生。自立、自信、有担当的徐龙荣，并没有沉浸在别人的故事里，而是辛勤耕耘着自己的事业，以实实在在的付出换来理想的果实，用自己的青春展示了在平凡的岗位上实践自身的责任与担当。

# 爱岗是职责，敬业是本分

**【人生格言】**

一个人要有一颗很热的心，温暖别人的同时，也快乐自己；一个人要有一对智慧的“冷眼”，冷静、淡定而从容地看待事物，遇事不冲动、不盲目；一个人要有一双很勤的手和两条很忙的腿，不怕苦，不怕累，朝着既定的目标不懈努力，付出终有回报；一个人要有一颗非常宽容和自由的心，胸怀坦荡，善待他人，放飞思想才能托起梦想，站得高才能看得远，心底豁达天地宽。

——严舒颖

**【银领故事】**

严舒颖出生于1990年，2012年从浙江金融职业学院毕业后，进入杭州联合银行石桥支行工作至今，风风雨雨已走过了六年。她做过综合柜员、综合管理岗，现在担任综合管理部经理，一路努力，一路成长，付出的同时，她亦收获颇丰。

“爱岗是职责，敬业是本分。”正是凭这份热情，严舒颖在岗位上扎扎实实、兢兢业业地工作。几年来，她一叠又一叠的荣誉证书让人简直眼花缭乱：多次被评为杭州联合银行优秀团员，2014年、2016年被评为杭州联合银行优秀团干部，多次被评为杭州联合银行优秀通讯员，所撰写的稿件多次获得新闻优秀奖，还获杭州联合银行“十佳敬业标兵”称号，2017年3月被评为杭州市优秀团干部……

## 勤勉上进　初露头角

“我行能有如此生机活力又朝气蓬勃的氛围，的确与严舒颖经理所付出的努力分不开，在她的带领下我行成功创建杭州市‘杰出青年文明号集体’。她对我们员工也很友好，从不摆领导架子。”去杭州联合银行石桥支行采访，还没见到严舒颖，大厅保安就向我们竹筒倒豆子般地夸奖她。在保安的指引下，我们在三楼办公室找到了正在忙碌的严舒颖。

谈起自己的经历，严舒颖直言不讳地说，我从小就喜欢挑战，喜欢新鲜事物，自小受从事教育工作的外公影响很大。外公经常教育她如何做人，如何脚踏实地做事，等等，所以她从小就很懂事，学习、做事十分主动，从小学到中学一直成绩优异。2009年高考时，按她的成绩报考本科是顺理成章的事，但机缘巧合，她妈妈从朋友处得知浙江金融职业学院的专业、就业等都是顶呱呱的，于是严舒颖在网上仔细了解相关情况后便毫不犹豫地填报了这个学校，最终顺利进入了浙江金融职业学院。

“在金融学院就读的几年，我各个方面的能力都得到了很好的锻炼和提升，也正是这段经历让我在后来的工作中从不畏缩。”严舒颖说，进入学校后，她所学的是金融管理与实务专业。新的生活、新的环境让她感觉好奇又新鲜，在很多同学都还不适应大学生活的情况下，她却处处主动和活跃，帮助老师和同学做一些力所能及的事情。军训时，她的主动和活跃更是给老师和同学留下了深刻的印象。大一竞选班长时，她顺利地当选为班长，还兼任了团支书。学习之余，她全身心地投入班级及社团的相关工作中，上传下达，落实班级的课时安排、相关通知、资料发放收集，组织协调关系，组织班会晚会或文艺演出，积极推荐优秀团员入党等，每项工作都做得有条不紊，有声有色。

大二时，校社团联合会换届选举，因各方面表现突出，初露头角的她当选为执行主席。面对挑战，她迎难而上。“那时学校里的大型活动很多，社团文化节及大型活动的开幕式、闭幕式等，要想活动取得成功，真的很不容易，要花很多时间和精力。”严舒颖说。但她无论遇到什么困难，都是想尽办法克服。在采访中，她说记忆最深的是大二下半年举行的化装舞会，由于以前从来没有组织过这种舞会，她一筹莫展，但并没有放弃。在听取老师、同学的相关意见后，她加班加点筹备舞会，甚至把双休日也全部利用上，最终舞会非常成功，赢得了喝彩与掌声。

严舒颖说，不论在学业上还是社团工作中，之所以能取得不错的成绩，离不开学校的王懂礼老师、班主任时伟老师、虞艳云老师，他们不仅在生活、学习上给予她极大的关心和照顾，更鼓励她大胆去做社团工作。这让她很自信，也更好地发挥了自身长处。

## 凝心聚力　文明至上

“我这个岗位，事无巨细都得做，稍一急躁或紧张，就会乱了手脚，得有耐心和细心，有条有理去做才行。”谈起如今在行里做的具体工作时，严舒颖说，管理部经理这个岗位涉及的内容又杂又多，如安全保卫、基建装修、文明规范、办公室行政、党工团及员工关怀，等等。这些工作不是用数字和指标可以体现的，平时也看不出什么大的业绩，但付出的时间和精力很多，只要有一个环节出现问题，就有可能影响其他各个方面的工作。

严舒颖说，银行是一个服务性行业，顾客满意不满意，就看服务好不好。而顾客走进银行，文明规范好与坏又是留给顾客的第一印象。俗话说，打铁需要自身硬。为做好文明规范这项工作，严舒颖身体力行，利用在学校学到的文明礼仪方面的知识，结合行里的实际情况，努力规范制度，带领员工凝心聚力，爱岗敬业，守纪诚信，努力创建了一支文明规范的优质队伍。严舒颖处处严格要求自己的同时，也要求员工努力做好各项工作，心里始终要装着顾客，确保顾客满意和其正当权益不受损害。在具体操作中，推行首问负责制、服务承诺制、限时办结制，及时答复和满足顾客提出的问题和需求；经常组织员工学习金融法规法律，熟悉相关政策文件精神，以此更好地提高服务效率；特别是在销售基金、保险等理财产品时，要求员工必须如实告知相关业务可能存在的风险等。面对琐碎的工作，严舒颖总能从容淡定，游刃有余。她作为团队的主力成员，2013年助力石桥支行荣获“中国银行业文明规范服务百佳示范单位”，2014年助力石桥支行荣获“中国银行业文明规范服务五星级营业网点”……她自己也成为总行内训师和总行文明规范督导成员。

严舒颖说，随着现代科技的发展以及行里业务的拓展，银行的服务方式和范围发生了很大的变化，顾客的需求和期望值也更高。在文明规范服务方面，以前设计的课件内容比较单一，已远远不能满足需求。对此，作为总行内训师，她开始琢磨着如何在原有的基础上开发一套精彩、丰富、多样的新课件，以更适合现有的工作需要。工作之余，严舒颖便利用空闲时间主动自学相关的理论知识，借鉴和揣摩他行的先进经验，不断优化课件，展开灵活多样的授课方式，如结合案例、穿插视频、与员工互动等。她还结合员工的实际情况，做到不千篇一律，及时更新授课内容，不断更新行内要求、行内文件，及时完善、更新授课知识，并在课后第一时间做好培训反馈。经过长时间的不懈努力，她终于自主开发出一套新的课件——《文明规范服务与演练》，并获得行内各级领导的高度认可，在杭州联合银行得以大力推广。她还为新入行订单班及校招大学生多次授课，深受好评。

## 青春不懈　活力团委

提起团组织工作，严舒颖很兴奋，她微笑着说：“我行一向重视社团工作，年轻员工也较多。青春是一场欢乐的成长，也是一场挑战。在这个组织里大家一起奋斗，一起进取，共同担责。我接触团组织工作时间较长了，在浙江金融职业学院读书时就一直担任团支部书记，来到支行的第二年开始任支行团支部书记一直到现在。当然，成绩是大家共同努力的结果，我只是做了分内的事情。”

严舒颖说，作为负责团组织工作的她，一贯强调并重视活跃又轻松的工作氛围，让大家在繁忙的工作之余心情得以放松。

在支行任团支书期间，她极力让青年员工在丰富的文化生活和创新中提升“幸福”指数。以喜闻乐见的形式，策划“乐吧”行庆宣传片，结合行里实际情况，组织青年员工拍摄制作视频，特别是微电影《三十佳玫瑰之约》，既传播了青春的奋斗精神、又传递出幸福理念，受到大家高度肯定。严舒颖说，有一次总行举办创新大赛，要求各个支行团支部组织队员参加，内容和形式不限，但要求极高。为了在创新大赛中取得好成绩，她忙得焦头烂额。由于上班时间太忙，她只好利用一切业余时间，组织一些有才华、有创意、有执行力的青年员工，加班加点找选题、做策划、搞制作，多次开会交流和探讨，经过大家的努力，最终大赛作品《桂花宝典——中高端客户的巩固与维护》在比赛中荣获三个大奖，令人叹为观止。

之后，她竞选成为总行团委成员之一，站在总行的高度上，对团工作的要求更加严格。团委紧紧围绕“成长、奋斗、幸福”三大主题，从队伍建设、文化建设，对外合作，展现“联合人”风采等方面入手。为了开阔青年员工视野，严舒颖和团委其他小伙伴不断开拓创新，开展“青春游学，结伴成长”活动，按每月一站的频率，组织团干部和青年员工代表前往兄弟单位交流学习，先后前往上城区团委、杭汽轮团委、华东医药团委、杭州银行团委、地铁集团团工委等多家兄弟单位游学，使青年员工受益匪浅。她还不断积极优化学习形式，通过员工自行录制小视频，以轻松简短的方式推送各类业务知识，既让员工可以随时随地地碎片化学习，又进一步提升了业务水平，并给了那些业务达人展示交流的平台，如“丰收智能付和联银 E 付”课程，推出 PPT 制作学习系列实用教学帖，每周推送相关学习内容，提升员工 PPT 制作能力，学习点击率超过 2300 人次，受到大家的一致好评。

青春不懈，奋斗不止。严舒颖说，她每次在团组织会上总要和员工一起聊聊关于青春的话题。她对青年员工的理想与信念教育十分重视，并以此点燃员工的“奋斗”激情。为进一步提升团支部的工作能力，优化组织结构，增强活力，提升团工作的参与度，团委努力“抓典型、立标杆、树榜样”，深入发掘和塑造营销领域、服务领域、创新领域和管理领域的先进个人，充分发挥员工的活力与创造力。

“一个团队充满活力，大家工作起来再苦再累也是开心的。”严舒颖说，在她们行里，不少员工有不一样的才艺，对此团委有针对性地为他们创造发挥艺术特长的氛围。业余时间，团委经常举行一些音乐节、演讲活动活跃气氛，还成立“U-band乐队秀”、“王者荣耀”争霸赛、“魅影钱塘 · 夜享徒步”等，不但促进了员工之间的亲密关系，更让他们拥有了朝气蓬勃的精神风貌，良好地诠释了“快乐工作、健康生活”的理念。

“青春是坚守，青春是担当。我热爱这份工作，在自己的岗位上爱岗敬业是职责亦是本分。”严舒颖说，接下去的任务还很艰巨，但她相信只要努力，一定会更上一层楼。

**【师长点评】**

俗话说，做一行，爱一行。职业是实现人生价值的舞台。一个人无论从事什么职业，都应该做到干一行爱一行。干一行爱一行是一种优秀的职业品质，是所有的职业人士都应遵从的基本价值观。

浙江金融职业学院银领学院为了提高学生的职业意识，在日常教育教学中注重团队合作意识、自主学习意识、服务与奉献意识、沟通能力训练、创新意识以及敬业与企业文化意识等的培养，因此涌现了许多像严舒颖一样优秀的毕业生。她们所从事的工作杂而繁，但她们依然能够从容淡定，有理有条，爱岗敬业，把工作做得有声有色。

青春是坚守，是担当。世界上没有比青春更美好的，也没有比青春更珍贵的了。在青春的脚步里，只要努力，你想做什么，就能做成什么。严舒颖便是榜样！

# 第二章　银领风采之“一技之长”

银领学院按照学校“三年分层培养”的思路，全面整合企业优势资源，突出学生核心竞争优势培养，从顶层设计上注重学生职业技能的教学与训练，最终培育了一位又一位以“一技之长”立业的优秀毕业生。

# 铿锵玫瑰，风雨中绽放

**【人生格言】**

书，其中真正能记住的内容少之又少，但是看的数量多了，肯定能潜移默化地影响读者，并帮助读者做出人生的正确选择。

——沈晓琴

**【银领故事】**

这是一个小桥流水、群山回唱的江南小城，红砖绿瓦掩映在叠翠的竹林之中，丝带般的白云缭绕在竹林之上，鸣啭的黄鹂吟唱出最美的童谣。就在这俊美的山水之间，走出一位身披绶带的姑娘。她，就是“全国金融五一劳动奖章”获得者、中国银行浙江省分行首批一级核心专业人才、中国银行湖州市分行德清新市支行柜员、90后姑娘——沈晓琴。

说起她工作六年来获得的荣誉，可不是一两句话就能带过的：

2014年、2015年中国银行浙江省分行业务技能比武，连续两年夺得个人蓝图对公业务技能第一名；2015年1月，被共青团湖州市委评为“湖州市青年岗位能手”；2015年1月，被评为2013—2014年度中国银行浙江省分行省行级青年岗位能手、五星级柜员；2015年7月，在2015年中国银行全国业务技能比武中，夺得个人蓝图对公业务技能第二名，被授予“中国银行业务技能标兵”称号；2012—2016年，连续五年取得中文录入、蓝图对公一级能手成绩；2016年3月，被湖州市银行业协会评为“湖州银行业最美银行人”；2016年11月，获得全国金融系统银行证券保险综合业务技能竞赛银行类对公项目一等奖；2016年12月，荣获由中国金融工会全国委员会颁发的“全国金融五一劳动奖章”。

细数这些荣誉，很难与一个被称为新人的“90后”挂钩，但这又的的确确是“90后”沈晓琴自2011年从浙江金融职业学院“中行订单班”毕业进入中国银行德清新市支行工作后，短短六年间在平凡工作岗位上结出的累累硕果。

这些荣誉，见证了沈晓琴在工作上的努力与汗水。

## 她心里有个“小九九”

2008年，沈晓琴高中毕业，对于去什么样的大学，选择什么样的专业，心里一开始并没有什么轮廓。后来，在老师和亲友的推荐下，沈晓琴报读了浙江金融职业学院。

之所以选择这所学校，沈晓琴她心里有个“小九九”：她平常就非常羡慕金融行业，特别是在银行上班的员工，她想，在银行上班每天吹吹空调、数数钞票，工作体面、时间固定、收入稳定、环境舒适，还能得到社会的敬重。多舒服呀！就这样，沈晓琴怀揣这样的梦想，进入了浙江金融职业学院，并且在大二下学期通过自己的努力进入“中行订单班”。

在校三年，用沈晓琴的话说是“该学的时候学，该玩的时候玩”。学：除了文化课学习，就是技能训练。沈晓琴深知技能对将来工作的重要性，即使是晚自习，沈晓琴也没有偷懒，认认真真把老师讲过的、自己演练过的五笔输入、电脑传票、点钞等进行一遍遍地练习，当时就抱着一个信念，不能在技能上失分。玩：该参加的社团，想参加的活动，她一次都没落下。或许是上天格外眷顾她，三年大学沈晓琴过得很快乐，也很单纯。

## 别人能做好的，我为什么不能呢

2011年，沈晓琴从浙江金融职业学院银领学院“中行订单班”毕业，顺利进入中国银行德清支行工作，成了一名柜员。

当沈晓琴衣着挺括、腰杆笔挺地坐在柜台后面时，心里有说不出的豪迈：这一刻，理想与现实终于完美地结合在一起了。带着师长们的希冀，带着对美好未来的向往，沈晓琴一头扎进了业务堆里，进取之心让她希望自己的工作能尽快得到领导的认可。

然而，正如网络用语说的：理想很丰满，现实很骨感。沈晓琴是一个追求完美的人，面对一连串烦琐的银行业务，她总是想把每一道程序都做到细致精准，想把事情做到最好，做到万无一失。但这要有一个熟悉的过程，需要时间和经验的积累与叠加。因此，办理业务时，沈晓琴有时速度难免慢了一些。但客户不管这些，他们对银行工作人员的要求就是快，越快越好，甚至会对速度不够快的柜员横加指责。每当这时，沈晓琴总是以良好的职业素养面对客户：不计较对方的态度，不与客户发生争执，所有的委屈都自己默默忍受。

有一次，一位老婆婆来到沈晓琴的柜台办理业务。按照银行流程，沈晓琴要求对方把个人信息填写完整。在职业一栏，老婆婆始终表述不清，因为老人是靠政府发放的低保生活，沈晓琴就在职业栏里帮老人填了家庭主妇几个字。老婆婆看了，却误以为家庭主妇就是一种职业，怕政府部门核查救济金时会影响她的低保领取。为此，老婆婆在沈晓琴的柜台前吵了很久，无论怎样耐心解释，老人始终无法理解家庭主妇这个名词，也听不进沈晓琴的任何解释。老人一会儿要叫领导，一会儿要叫行长，银行被她吵得沸反盈天，严重影响到了正常的业务。最后，在同事和领导的帮助下，老婆婆终于办理好业务满意地走了。

结束了一天的工作，当沈晓琴踏着夕阳的余晖走到自己的宿舍时，一头栽倒在床上，晚饭也没有心思去吃。她想，是不是自己不适合干这行？她甚至打起了退堂鼓，但是骨子里的倔强和韧劲告诉她，别人能做好的，她为什么不能呢？何况还有那么多同事和领导的指点和帮助。

再大的困难，咬咬牙也就挺过去了，这是沈晓琴对入职时的工作总结。经过这样一次次的自我疗伤，沈晓琴想清楚了银行工作体面背后的艰辛，也更加坚定了自己的职业理想，更热爱银行柜员这份工作了。

## 砥砺前行

为了提高职工素质、改善金融服务、塑造金融品牌，中国银行每年都要举办各种业务技能竞赛。沈晓琴经过坚持不懈的努力，也从一个金融新兵逐步成长为一名业务能手。

2013年，沈晓琴作为陪练参加省行的培训。在之前的中国银行浙江省技能比赛中，湖州因为发挥不稳定所以名次靠后，这次竞赛，湖州在没有分到比赛名额的情况下，派遣沈晓琴和另一位技能选手作为陪练参加省行举办的金融竞赛集训。在省行的演练大厅，为了赶上指导老师要求的进度，沈晓琴把吃饭时间也用在了练习上，并通过各种方法提升自己的技能：向书本学习，熟练掌握有关理论；通过观摩一些技能大赛的视频资料，提高技能技巧，增加大赛经验；向技能高手学习，学习他们比赛技巧，交流技能心得，以他人之长补己之短。以点钞为例，为了把技能中的“专”“正”“齐”“灵”“活”“快”“准”一一做到位，沈晓琴练得手上起了一层厚厚的茧，一摞摞的练功券用了不计其数。

要参加全省或全国性的技能大赛，不仅技能水平要过硬，而且心理素质要好。当看到有人在技能大赛上紧张得手在发抖，没法完成正常操作时，沈晓琴问指导老师该怎么办。老师建议她做一些针对性的训练，如与参训人员一起登高，不仅训练自己的胆识和毅力，而且增强自己的团队协作精神。一系列的艰苦训练，突破了晓琴心里固有的演练模式，开阔了她的视野……

2015 年 7 月，在中国银行全国业务技能比武中，沈晓琴一举夺得个人蓝图对公业务技能第二名，被授予“中国银行业务技能标兵”称号。在荣誉面前，沈晓琴没有停下脚步，而是对自己提出了更高的要求。

随着世界经济一体化、金融全球化趋势的加速，作为中国经济核心的各大银行，也面临着前所未有的机遇与挑战，各种金融新业务、新产品、新技术层出不穷。作为中行的一名普通柜员，沈晓琴知道，只有不断提高自己的业务技术能力，拓宽知识面，才能全面提升自己的实力和竞争能力。由此，沈晓琴不仅钻研业务知识，还利用工作之余，深入系统地学习各类经济、金融知识。同时，为进一步提高自己的知识层次，弥补专业知识上的不足，她还通过考试进入中央广播电视大学金融本科专业学习，取得了本科文凭证书。正因为有了这些过硬的知识和技能的支撑，沈晓琴才在一次次的技能大赛中不断提升自我、超越自我，从一个高峰迈向另一个高峰。

## 尽情绽放

多年来，沈晓琴凭着练就的技能、优质服务、敬业精神和良好的沟通能力，与众多客户建立了朋友和亲人般的关系。她的务实与真挚，也成为客户心目中的一张中行“名片”。

沈晓琴性格开朗随和，处理业务熟练快捷，条理性强，得到了客户的普遍认同。沈晓琴也是位热心肠的姑娘，虽然换了工作岗位，从对公开销户岗位变到了对公结算岗位，但遇到重要的客户，领导还是希望沈晓琴能亲自出马陪同业务员开展业务。这无疑增加了沈晓琴的工作量，但面对这些付出，沈晓琴无怨无悔。她总是豁达地认为：帮助别人就是帮助自己，自己在陪同业务员展开业务的同时，也进一步加深了自己对业务的熟悉程度。她再三告诫自己，在与客户打交道的过程中，切记要有耐心，懂得换位思考，始终把客户的利益放在首位。

为了工作，沈晓琴甚至领了结婚证一年多，却将婚礼一拖再拖。2016 年，沈晓琴的婚礼终于又提上了日程，她也把所有精力都投入婚礼的筹备中。就在这个时候，全国性的技能大赛开始了，这次，沈晓琴准备放弃比赛，而平日里一贯支持沈晓琴、同是银领学院毕业的准新郎坚定地鼓励她参赛。带着亲人的支持与祝福，沈晓琴又一头扎进严酷的技能训练中。

2016年11月，全国金融系统技能比武大赛的战鼓擂响了。都说“台上一分钟，台下十年功”，沈晓琴在这次银行类对公项目技能比赛中，又一次战胜了自己，战胜了各路英豪，一举夺得全国金融系统银行证券保险综合业务技能竞赛银行类对公项目一等奖。捷报频传，一个月后，沈晓琴荣获了金融行业引以为豪的最高荣誉奖——由中国金融工会全国委员会颁发的“全国金融五一劳动奖章”；2017年5月4日，沈晓琴到北京领取了由中国银行总行颁发的五四青年奖章。

当沈晓琴站在高高的领奖台上，手捧鲜花和荣誉奖章面对各路媒体记者的镜头时，谁又能想到，当初那个青涩稚嫩的她，经历了多少成长的艰辛。这一枚枚沉甸甸的奖章，凝结着沈晓琴为金融事业贡献的辛勤汗水和智慧。回到德清新市支行工作的沈晓琴，褪去了所有的荣誉光环，依然默默地坚守在柜员的岗位上，她用自己特有的方式热情地为客户办理各类业务，要把每件事情做到极致。

问沈晓琴如何看待这么多的荣誉，她总是一笑而过：荣誉和掌声只代表过去，而现在和将来，永远不容懈怠。

是啊，人的生命只有一次，但生命中的精彩，就像自然界的花朵，可以有无数次的绽放、无数次的辉煌。这也是大家对沈晓琴的期许。

**【师长点评】**

“在工作中学习，在学习中工作”，把学历教育与岗前培训有机结合在一起，是银领学院的一种常态教学模式。通过订单人才培养模式让学生在学院和商业银行业务网点之间不断学习，实现了教、学、做合一，教师的教学空间由三尺讲台延伸到金融机构，从而形成“大课堂”教学模式。

沈晓琴从一个业务上的新兵到今天取得诸多荣誉和奖章，都是她一步一个脚印踏踏实实走过来的，也是在坚持“在工作中学习，在学习中工作”中得来的。学校教育只是尽可能为学生打下扎实的底子、储备最多的底气，希望每一个学生能走得更远。但是，真正能走多远，关键还是要看学生自身努力和不断学习。沈晓琴，她也曾经历过挫折，也曾为之流泪，但是她学会了“自我疗伤”，学会了坚持终身学习。

马斯洛曾经说过：“一个人面临危机的时候，如果你把握住了这个机会，你就成长。如果你放过了这个机会，你就退化。”确实，当时的挫折对沈晓琴来说是一种危机，但更是一种机会。

积极应对挫折，把握机会，终身学习，才有可能变挫折为机遇，沈晓琴就是一个很好的例证。

# 从零开始，九转功成

**【人生格言】**

如果你选择安逸与舒适，那么就别羡慕他人的鲜花与掌声。如果你想要成功，那么只有经过一番苦功，万分的努力才会获得十分的幸运。

——钱升块

**【银领故事】**

2017年初，钱升块在苍南农商银行2017年工作会议上，作为代表上台交流经验。正式工作未满两年的他，凭什么获此殊荣？凭的是他出色的业务技能。2016年10月，钱升块获温州市银行业第十四届“银行杯”业务技能比赛计算机中文录入、手工点钞、人民币识假综合得分第二名；2017年1月，温州市人力资源和社会保障局授予钱升块“温州市技术能手”荣誉称号。然而，这只是他众多荣誉的一角。

翻阅钱升块的过往战绩，从2012年开始读大学至今，他斩获五笔打字、电脑传票以及点钞这三项银行技能比赛的奖项近50项，是当之无愧的技能比赛型选手。回想起当初从零开始，到背字根、拆字规则再到如今熟练的技能操作，钱升块感谢自己的每一次坚持与拼搏：正是无数个挥洒汗水的日夜，累积成一枚枚耀眼的奖牌。

## 苦练中夯实基础

1994年出生于温州苍南县的钱升块，未进大学前并非是一个有目标、有拼劲的人。高中时期，他学习不用功，高考分数不理想。但他没有自暴自弃，在对父母的愧疚中开始醒悟——高考并不是人生的全部，大学里还有众多机会可以去拼搏。于是他暗下决心：读大学时，一定要尽自己最大的努力，毕业后找一份好工作，一雪前耻。

知耻而后勇。钱升块听从了高中老师的建议并结合自己的实际情况，选择了浙江金融职业学院会计学院财务管理专业。但是，他对学院和专业的情况不了解。失利的高考，激发了他内心的“小宇宙”——凡事预则立，不预则废。于是，他开始改变自己的做事风格，凡事比别人早一步。未进大学，他就开始在网上寻找、浏览大学专业的相关资料，并对银行三项技能产生了浓厚的兴趣。在了解专业课程的同时，钱升块知道了学校的银领学院有一个订单式人才培养模式，学校和银行合作组建订单班定向培养学生，如果学生的五笔打字、电脑传票和点钞三项银行技能都优秀，毕业后就可以直接进入合作的银行工作。了解了订单班的情况后，钱升块立马就动心了。他想，既然学校为学生提供了这个良好的就业机会，自己一定要努力争取。

设定好目标，行动便有了方向。大一第一学期，钱升块正式接触银行三项技能。在技能课启蒙老师章叶英的耐心引导下，本就对三项技能有兴趣的钱升块一下子迷上了技能课。钱升块在了解金融的基础知识之后，进入了三项技能的练习阶段。万事开头难，刚开始练习技能注重的是方法，指法一定要准确，字根要背得滚瓜烂熟，拆字规则也要牢记在心。在熟背字根、拆字规则的基础上，钱升块花大量时间练习单字。因为单字是五笔打字的基础，所有文章都是由单字组成，单字速度快了，打文章自然而然就快。除了上课、吃饭，他一有空就去机房，经常一天练习七八个小时。时间就像海绵里的水，挤挤总会有的。他曾经早上 6 点半起床，打完卡，7 点到机房练习半小时后再赶到教室进行早自习；晚上室友们早早在寝室休息，他还在机房奋斗；周末其他同学出去玩或者回家，他依然选择与电脑键盘为伴。他知道，业精于勤，想要提高速度必须挤时间练习。有了清楚的认知、明确的目标以及吃苦耐劳的干劲，在别人看来枯燥无趣的技能练习就变成了他大学期间最享受的过程。

虽然学校开设的技能课程在大一第一学期末结束，但是钱升块并没有因此而松懈下来，他时常告诫自己：“技能就像逆水行舟，不进则退。”大一第二学期，他依然每天不间断地练习，寝室、机房、教室是属于钱升块的三点一线。所谓万丈高楼平地起，钱升块执着的练习，为日后收获累累硕果打下了坚实的基础。

## 竞赛中提升自我

为了不断提高自己的技能水平甚至突破自己的极限，钱升块积极参加各项技能竞赛。在他看来，竞赛就是一个历练的平台，只有通过不断的历练，才能不断提高技能。学院每学期都会举行各类技能比赛，钱升块在大一第一学期就报名参赛，在五笔文章、五笔单字、传票擂台赛上均获得了好名次。因为技能比赛，他第一次体验到了成功带来的喜悦。好成绩并没有让他骄傲自满，而是令他明白了“山外有山，人外有人”的道理。赛后，他常常找自身不足的地方，并进行针对性的练习。在竞赛的促进下，他一步步地提高自己的技能水平。钱升块的不骄不躁让他在夺得桂冠的同时还打破了学校纪录。

竞赛不仅展现一个人的技能水平，还考验一个人的心理素质。钱升块第一次参加学院组织的“众诚杯”技能比赛时，非常紧张，整只手不可抑制地发抖，根本没有办法发挥自己的正常水平，最后获得了第二名。从此，他又多了一个练习项目：提高自己的心理素质。每一次技能练习，钱升块都把它当成是一次比赛，模拟比赛流程认真操作。在一次次的“模拟比赛”中，钱升块的紧张心理逐渐缓解。

参加的比赛越来越多，钱升块对自身的要求也越来越高。以前站在一个低水平处仰视，会觉得山顶的高度难以企及，当他一步步向上攀登时，却发现原来自己也是可以“登顶”的，但攀登的过程却是艰难重重的。比如当竞技水平达到了一定的高度，之后的每一小步前进都不是一件易事。每当看不到进步时，钱升块就努力让自己静下心来，专注练习。

竞赛也让钱升块的心智变得更加成熟。钱升块与室友苏传桢是竞争对手，一开始两人有敌对情绪，互不交流。一次，他们同时代表学校参加国赛，成了队友。在老师的协调下，两人齐心协力为学校争光，又从队友变成了好友。之后，不管参加什么比赛，他们都不再有敌对情绪，而是将竞争当成提高技能的动力。每次比赛后，他们都相互交流比赛经验，互相帮助攻克技能瓶颈。钱升块感谢比赛给他带来的友谊，更感谢比赛让他懂得欣赏对手，懂得与人分享经验。

大二第二个学期，银领学院的“订单班”开始招生，竞争异常激烈。进入“订单班”是钱升块在入学之初就定下的目标，因此他主动向已经进入订单班的学长学姐了解情况。“订单班”合作的单位有很多，提供的岗位也各异，所以每个岗位的用人标准与要求都不同。钱升块最终选择了温州农信的“订单班”，除了考虑到温州农信在他的家乡外，他还了解到旗下的苍南农村商业银行近十年都没有在市级比赛中拿过前五的名次，非常缺技能型人才，而他的优势恰好是有过硬的技能和多次参加比赛的经验。果然，面试那天，面试官看了他的简历，听了他的自我介绍之后，对他赞赏有加。就这样，钱升块很顺利地进入了“订单班”。

进入“订单班”是一个新的开始，不仅要求更加严格，而且自由调配的时间也相对减少。每天，钱升块除了补修一些金融课程外，还要参加晨跑和晚自习。即便如此,他还是没有放弃参加比赛。当同学们早早忙着找单位实习时,钱升块依旧每日到机房训练,为比赛做着充分的准备。坚持努力终有回报,钱升块在学校中文文章输入和单字输入这两个项目比赛上,再次打破了自己创造的学校纪录。

## 职场里精通业务

2015 年 6 月,完成了大三的实习后,钱升块顺利毕业,如愿进入了温州农信苍南农村商业银行。刚进单位的员工都属于派遣制,工作满一年后需要通过技能测试、考证等才能转正。在这期间,钱升块参加温州农信业务技能比赛获得了第二名的好成绩,为单位赢得了荣誉,也得到了领导的肯定。因此,他入职短短四个月就与单位签订了劳动合同,成为正式员工。这让他更加明白了实力的重要性,在校刻苦练习技能没有白费,把该做的事情做到最好,“幸运”自然而然就会到来。工作后的钱升块依旧秉持着“练习技能重在日常,贵在经验”的信念,下班后也坚持练习,时刻保持最好的竞争状态,积极参加银行举办的比赛,与高手过招以提升技能水平。

虽然钱升块的技能水平顶尖,但是与银行的实际业务操作却有所不同。刚上柜时,他对业务知识、业务流程都不太清楚,导致业务办理速度比其他同事慢。有一次,钱升块碰到一位客户要办理一项较复杂的业务,之前未遇到过,因此只得一边办理一边请教旁边的同事。客户等得不耐烦,就大声嚷嚷:“换一个会办的人来,不会办的人为什么坐在这里,难道你们银行职员都没有接受上岗培训吗?”初入职场的钱升块第一次碰到这种情况,当时觉得很委屈。事后,他反思:客户对自己不满的原因是什么?虽然自己是一个新手,但这不是借口,坐在银行的窗口就要成为一个有能力为客户解决问题的人。于是他下定决心:以后要加倍认真地学习业务知识,加快自己的业务办理速度,要多接触新业务种类,杜绝类似事情再发生。此后,他利用下班的空余时间学习业务知识,理清每一个业务流程,学会处理各种业务。他还向身边优秀的员工请教并且学习他们的细心,要求自己也尽量做到零差错。因为钱升块勇于面对自身的不足,并且积极主动地提高自身实力,客户对他的不满也渐渐减少。

柜员是银行的第一线员工,要通过这个小小的窗口与形形色色的人打交道。一次,一位客户来存款,钱升块发现其中有一张假币,按规定要没收。客户一听大发雷霆,坚决不配合,甚至撕毁存单。面对这样的客户,钱升块一开始很郁闷,后来在同事的开导下，他慢慢地学会了调整自己的心态，不再因此而影响工作。

给客户办理的业务多了，钱升块发现作为一名银行的综合柜员，不仅需掌握业务知识与技能，还要具备与人沟通的能力。以前在学校里，身边都是同龄人，沟通没什么障碍，加上一直以来练习技能比较专注，钱升块渐渐养成“沉默寡言”的习惯。而如今作为银行综合柜员的钱升块，要天天面对客户，跟客户交流成了必不可少的能力。比如，在给客户介绍业务的时候，钱升块发现同样的话从自己嘴里说出来，与同事嘴里说出来的效果会有差别，同事们说得特别自然，所以在销售产品的时候也比他有效。于是，钱升块将锻炼自己拥有良好的沟通能力作为新目标，他不仅学习同事的沟通技巧，而且主动与客户交流，在交流中提升业务能力，使自己成为银行柜员中的佼佼者。

**【师长点评】**

很多人都知道技能的重要性，但是如何训练和提升自己的技能呢？

钱升块的事例中有四个关键词，值得我们思考。一是预则立，在别人还没有开始的时候就及早准备；二是学会反思，摔倒并不可怕，可怕的是摔倒后不反思，重复低级错误；三是学会坚持，在别人放弃的时候多坚持一下，在别人休息的时候多练几把；四是不断学习，人生是一场马拉松，开局的领跑只是一时的，不断学习，精通各类业务，我们才能立于不败之地。

很多时候，人们会被当前的困境迷惑，进而怀疑自己，看到他人取得的成绩便觉得难以望其项背，想到他人天生坐拥的好资源便开始怨天尤人，这些都是不成熟的心态。临渊羡鱼不如退而结网。许多成功都是从零开始的，只要你抛弃自我设限，勇于“高看”自己一眼，敢于面对自身的不足，坚持于通往成功的每一步，用实力武装自己，未来就有无限的可能。

钱升块就是一个很好的例子。作为高职学子，钱升块在大学时期坚持不懈地学好专业知识与技能，在职场及时掌握相关处理业务的能力，最终为自己赢得了人生的奖杯。钱升块的故事告诉我们：杞人忧天或者浑浑噩噩，永远不如做好当下的事情，提高自身的实力来得正确。

# 将技能练到极致

**【人生格言】**

每个人生下来并不都含着“金钥匙”，但我们可以通过后天的努力，忍受空虚，克服浮躁心理，在日积月累的磨炼中达到技能的极致，然后以独一无二的技能傍身，改变命运，成就自我。

——李凯

**【银领故事】**

银行职业技能训练动员大会顺利落下帷幕，刚从主席台嘉宾席上走下来的李凯一下子被好奇而热情的学弟学妹包围。这些新一届的浙江金融职业学院银领学院订单班的学生“叽叽喳喳”地向学长请教，问他技能竞赛屡获优胜的技巧，有的还要了他的联系方式。李凯十分耐心地回答他们的问题，并表示愿意为他们的学习助一臂之力。这是李凯毕业后第二次回母校做嘉宾，尽管才毕业三年，但他已经积累了丰富的经验，在银行崭露头角，成为学弟学妹学习的典范。

凭借自己的勤学苦练和浙江金融职业学院提供的“订单班”高端平台，李凯“鱼跃龙门”，实现了从“丑小鸭”到“白天鹅”的蜕变：在校期间，打破了学校点钞纪录(10 分钟点钞 48 把)；毕业后，顺利进入中国工商银行浙江省分行营业部就职，并代表该行参赛获得浙江省工商银行系统职工技能大赛第一名；到渤海银行杭州分行工作后获得渤海银行总行职工技能竞赛第一名；在柜员岗位做了不到两年，就因个人能力特别突出被转岗到银行营运部综合管理岗位。

## 寒门学子跃“龙门”

腼腆、寡言的李凯来自安徽一个普通农村家庭，从小学到初中都在家乡附近上学，从没出过远门。经过 12 年的寒窗苦读，李凯取得了不错的高考成绩。

在填报志愿时，李凯犯了难，身为农民的父母无法指导他填志愿，一切都只能靠自己。在将那本人手一册的《高等学校志愿填报指南》翻了又翻之后，一个学校的名字映入他的眼帘：浙江金融职业学院。对于这个以培养金融人才而声名远扬的学校，他在高中时就略有耳闻。通过进一步深入了解，李凯知道这所学校与金融机构合作举办的银领学院以“订单班”形式，专门定向培养优秀的金融人才，而且从“订单班”出来的学生基本都能进入银行等订单单位工作。

填报高考志愿，是人生一个重要的十字路口。面对这个决定前途命运的关口，李凯进行了仔细权衡：如果读普通院校，毕业后要到处找工作，而读浙江金融职业学院再进入“订单班”，不仅可以练就一门专业技能，还有可能进入金融系统就职。因此，李凯毅然填报了浙江金融职业学院。与他分数差不多的同学都表示不解，李凯的分数完全可以选择一个更好的学校，但是李凯早已经锁定了目标：进入浙江金融职业学院，进入“订单班”，将来“鲤鱼跃龙门”成为金融行业的一分子。

李凯如愿被浙江金融职业学院录取，就读金融管理与实务专业。在每天跟老师学习理论和操作技能中，李凯对学校银领学院“订单式人才培养模式”有了更深的认识。“订单班”主要培养熟练银行柜面操作、熟知金融产品、熟悉市场营销的基层复合型金融人才，但是有很高的准入门槛，需要经过严格的选拔才能成为其中一员。

虽已跃过高考这道“龙门”，但摆在李凯面前的还有一道“金融龙门”——“订单班”录取招聘。为了实现既定的目标，李凯从进校第一天起就一门心思扑在专业技能的学习上，上课认真听老师讲解，下课琢磨提高操作速度的方法，一有想法马上跑到实验室尝试。技能老师林莉发现了李凯的“秘密”：尽管他平时沉默寡言，不善交际，但是上课特别专注，总是坐在前排，而且特别“痴迷”于专业技能。林老师认定这是一个静得下心来苦练技能的苗子，于是叮嘱他有任何技能方面的问题都可以随时来咨询，老师会尽力提供技术、材料方面的帮助。

银行员工的专业技能虽看起来简单，但种类繁多、要求严格。仅点钞一项，就要求必须在保证准确性的基础上，实现速度的飞快提升。为此，李凯每天过着寝室—教室—实验室三点一线的生活，一边练习一边积累经验，对银行员工的三项主要技能渐渐从陌生变得熟练。

把钞票点得又快又准，向来是金融系统员工的一项基本功。这项基本功，最考验员工的心理素质和专业素养。在林老师的指导下，李凯精练点钞技能。每天一拿到点钞券，李凯的手指就上下翻飞，不断来回清点张数、查错，一练就是好几个小时，点钞券很快就被磨出纸屑，必须不断更换。

不久，李凯的点钞技能提升遭遇了瓶颈，不论怎么练，速度也很难再提高。这个时候，他想起了林老师的教导：技能训练不仅要下功夫，更要动脑子，不能沉涸于思维的惰性，不然练了也只是瞎练。于是，他开始到处找资料、视频，一边观摩一边模仿练习。在看了不少点钞“牛人”的比赛视频后，李凯突然灵机一动：不是都说“旁观者清”吗？自己发现不了的问题，从别人的视角来看，也许早就一目了然了。行动力极强的李凯马上找来一个微型摄像机，让同学将自己点钞的全过程记录下来，然后回看，终于发现了自己速度上不去的问题所在。专门针对这一问题，李凯从以往的各种比赛视频中找到了解决问题的方法，从而成功突破，实现了点钞技能的突飞猛进。

大二上学期，李凯报名参加了学校的“众诚杯”银行职业技能大赛。赛前，林老师将自己使用多年的装腰条的盒子送给了李凯。虽然这看起来只是一个普通、自制的纸盒，但传递给李凯的是莫大的鼓舞和信心。最终，李凯带着这个无价的“幸运盒”，以自己一年半的苦心训练赢得了上大学以来的首个“第一名”，并以多指多张 10 分钟完成 48 把的成绩打破了学校的点钞纪录。“比赛必须在准确的基础上追求速度，一旦有一张差错，成绩就无效，所以很考验选手的基本功和临战心态。”林老师对李凯的技能突破感到很欣慰。

李凯在学校一战成名。随着大二下学期的开始，银领学院“订单班”选拔招聘进入白热化阶段。李凯放下已经取得的成绩，调整自己的心态，继续乐此不疲地投入到应聘前的训练中去。最终，李凯以突出的技能优势，被中国工商银行招聘负责人看中，顺利进入工商银行订单班。李凯实现了既定的目标，成功跃过“金融龙门”。

## 职场迷途另择业

银领学院“订单班”实行工学结合的人才培养模式，学生需要在学校和银行进行交替学习和顶岗实习。按照金融行业的作息时间和工作要求，“订单班”学生不仅要身着职业装、配工号牌，而且还要牢记金融机构的员工守则和职业规范。上课要求更加严格，考核更加频繁，班内又全是优中选优的尖子生，李凯在这样的环境中更加刻苦钻研技能，格外珍惜这来之不易的锻造机会，不仅甩掉自己所有不好的行为习惯，而且不断改进学习和训练的方式方法。在为期一年的“订单班”学习期间，李凯每次专项考核都位列班级前茅。大三毕业时，李凯的各方面技能均达到工商银行的标准，顺利通过了工商银行的职业考核，以一名正式银行职员的身份进入工商银行浙江省分行营业部工作。

初入银行时,李凯从事基层柜员工作,每天需要为用户办理各种业务。李凯在做好柜台服务工作的同时,不断提高专业技能。在一次中国工商银行举办的浙江省银行职员技能大赛中,李凯以深厚的技能功底赢得了点钞技能第一名的好成绩。

随着时间的推移,李凯对银行工作的新鲜感渐渐消失,银行柜员的岗位也没有想象中的那么轻松:正式上下班时间虽是朝九晚五,但每天必须 7 点就要赶到银行,整理仪容,参加晨会等,为正式营业做好准备;傍晚 5 点后,还要进行盘库、交接等工作,一直要忙到晚上 6 点多才能下班。为了迎送客户,李凯需要每天起立上百次,再加上银行业务量大,经常忙得没有时间吃饭、喝水、上厕所。这份工作的烦琐性和高强度,让李凯觉得力不从心。

面对这一切,刚从学校出来的李凯还缺乏一定的应对能力和成熟心态,以为其他工作可能比银行工作轻松,于是向银行提出了辞职申请,决定到房地产公司上班。

## 回归银行再攀高

在房地产公司上班没多久,李凯就发现房地产销售员的工作并没有想象中的简单,他们的工作和思考方式与自己截然不同。李凯开始反思自己存在的问题:将银行工作看得过于简单、容易,不仅遇到困难就退缩,而且忘记了择校时的初衷。李凯发现最适合自己的还是金融系统的工作,于是及时“止损”:从房地产公司辞职,回归银行。

2014 年 3 月,李凯应聘了几家银行的柜员工作,以扎实的技能基础被渤海银行录取。回到银行系统后,李凯的思想已经发生了转变,不仅要求自己认真完成柜员的本职工作,而且力所能及地帮助他人。更重要的是,李凯意识到自己的技能还需要精进。因此在每天下班后,他都挤出半个小时练习点钞技能以及五笔、传票等操作。在李凯眼里,每天抽出时间练习技能,不仅能提高自己的技能水平,更能让自己沉下心来。他说:“在练习过程中,浮躁的心可以沉静下来,可以使自己遇事更加沉着冷静、从容自信,并且在攻克难关的时候,找到自我超越的价值和意义。”

不久,渤海银行杭州分行举行了职工技能比赛,李凯代表所在的支行网点参加了比赛,获得单指和多指点钞两个第一名,成功入围渤海银行总行组织的职工技能比赛,并获得一等奖。

荣誉属于过去,李凯收起奖杯,继续在柜员岗位上兢兢业业地工作,继续遵循“技能学习、永无止境”的理念,将技能练到极致。2016 年初,李凯以综合柜员A+的考核成绩脱颖而出。单位领导经过综合考量,认为李凯工作能力突出、专业技能一流,将他从支行网点的银行综合柜员岗位调到杭州分行的综合管理岗位。李凯深感肩上责任更重,更加不骄不躁,一步一个脚印地做好本职工作,修炼专业技能。

由于表现优异,李凯多次受邀回到母校,在银领学院“银领学子成长交流”大会上为学弟学妹们传授技能和学习经验。“授人以鱼不如授人以渔”,李凯不吝赐教,向求学心切的学弟学妹一一传授经验,并谆谆告诫他们:“学好技能,终身受用。每一项操作技能都要练好,如果每一环节的操作都比别人少用零点几秒,一个流程会节省好几秒。因此,必须以铁杵磨成针的精神,潜下心来磨砺技能。”

**【师长点评】**

相较于大学本科生,高职毕业生在学历、专业理论水平上都处于劣势,因此高职生要寻找自己的长处,必须以专业技能打造自己的核心竞争力,唯有如此才能在激烈的职场竞争中立于不败之地。

练习技能主要有三重境界:第一层境界是为了实现初级目标,李凯刚入学时是为了考进银领学院“订单班”和成功进入银行而练习;第二层境界是把练技能作为一个载体,在练技能的过程中磨炼自己的意志,集中注意力,让心沉静下来,为个人的长远发展储备能量;第三层境界是在技能练习中找到获得感和成就感,在不断的自我挑战和自我超越中战胜自我,实现自我价值。在获得多项技能大赛冠军后,李凯并没有放松对技能的练习,而是继续挑战自我。

从李凯的故事中,我们明白了什么是“有志者事竟成”。李凯虽然只是一名普通高职生,家庭条件也没有优势,但是他“坐得了冷板凳”,能够沉下心来努力磨炼技能,从而实现了专业技能的不断精进和自我超越,最终得以在银行系统成功站稳脚跟,并在激烈的竞争中脱颖而出,从前台柜员变成了综合管理人员。

技能精进永无止境,李凯的成功,归根结底在于他对技能孜孜不倦的追求,这是高职生最需要学习的地方。

# 真者，精诚之至也

**【人生格言】**

做事先做人，关键是有没有一颗真诚服务的心。作为一名客户经理，一句话、一个细微的动作，往往就能让客户做出选择。作为一名银行客户经理，无论做什么事，都要怀有一颗真诚、感恩之心，最后哪怕事没能做成，但至少交了一个新朋友。

——李亮

**【银领故事】**

要从人群中找到李亮并不难，那个眼睛又大又亮，身材挺拔，模样帅气的便是。

自2016年3月进入浙江泰隆商业银行常山支行工作至今，仅仅两年时间，浙江金融职业学院毕业生李亮以骄人的业绩成为同批次入行员工中的佼佼者——这一期新员工代表。问起这一年多来从刚开始的一窍不通到现在成为业务能手，期间的辛苦和不易，李亮一带而过，但被他始终抓住不放的一点，就是真诚。只要自己不明白的，李亮就逮着所有机会，真诚地向前辈们请教。在营销过程中，更是以自己真诚去打动、感动客户，渐渐地客户就喜爱和看重这个爱动脑筋、肯跑勤问的职场新人了。

## 脚踏实地，跨出第一步

作为一个刚踏入金融领域的职场新人，李亮的压力很大，常山人口只有30万，却进驻了四大国有银行、信用社、商业银行等数十家金融机构，基本处于饱和状态。要想在这样一个人才济济、高手如林的金融市场站稳脚跟，拼的是韧劲和实力。用李亮的话说，泰隆之路是自己一步一个脚印走出来的。

记得刚进泰隆时，李亮和七位新员工被安排到一个陌生的实习网点进行上岗前的培训。这个培训，对于销售人员来说，可不是听听课那么简单，这里是有任务的：两个星期拉到存款10万元以上，以及存款至少为5000元的有效客户6户。

对那些有着多年经验的银行老员工来说,这也许不是个巨大的数目,但对于一个还没有任何营销经验,没有任何家庭背景的职场新人来说,虽算不上是“不可能完成的任务”,但也真的有点难度。因为,人们,特别是上了年纪的人,对于如雨后春笋般冒出来的各种商业银行,还不大了解。他们以前一直都习惯和国有银行打交道,对陌生的泰隆等商业银行不免心存疑虑,想要将他们的存款拉到浙江泰隆商业银行,谈何容易。

但是正所谓明知山有虎,偏向虎山行,再难走的路,也必须跨出第一步,李亮的内心充满了“斗志”。有人的地方就有存款,抱着这个想法,李亮进驻的第一站是贺村,寻找的目标恰恰是同事们望而止步的菜市场、杂货摊,那些小商、小贩是他最初的客户目标。

## 勤能补拙,以真诚感动客户

李亮的营销就是从菜市场起步的。万事开头难,李亮刚起步就遇到了重重困难。大家看李亮年纪轻轻,推销的又是一个陌生的民营银行,都摇起了头,表示要考虑考虑。面对一连串的拒绝,李亮没有气馁,没有退缩,而是用各种方式,以自己的诚意打动客户。

因为李亮深知:营销并不是一味地把产品推出去,而是要用自己的真心为客户服务,想客户所想,急客户所急。因此,无论介绍一款产品,还是售后跟踪服务,他都真心把客户当作朋友,当作亲人,把客户的利益当作自己的利益,发自内心地真诚对待菜场的每一个阿姨和大叔。

真诚,从来就不会辜负人。李亮的第一单业务来自一位卖菜的阿姨。这位阿姨的蔬菜店跟当地多所学校的食堂有合作,生意做得红红火火。生意好了,阿姨的烦心事也来了,每天要找给顾客的硬币总是供不应求。为了能给阿姨多换点硬币,李亮特意向行长申请到当地的汽车站兑换。阿姨是个爽快人,听李亮说能帮忙兑换硬币,当即拿钱递给李亮。李亮被阿姨的信任感动了,想了想说:“阿姨,这是我们的第一次合作,我们之间并不了解,等我将硬币拿来了,您再把钱给我吧。”

第二天一大早,李亮冒雨将 2000 元硬币送到店中,阿姨感激不尽。这样送了几次硬币后,阿姨对李亮的认可上升为对浙江泰隆泰隆银行的认可:一个踏实肯干的员工必定能为行业赢得好口碑。以真心换真心,阿姨把所有的营业款都交给李亮打理。

之后，每当经过阿姨的店，李亮总会过去跟阿姨亲切地打招呼，问她有什么需要帮忙的。一天下午，李亮看到阿姨的婆婆正弯着腰在剥蚕豆，于是也加入了剥豆子的行列，边剥边聊。李亮在聊天中得知阿姨这家店一共有五个人在经营：阿姨及叔叔、爷爷、奶奶，还有阿姨的弟妹。经营蔬菜店非常辛苦，每天凌晨2点阿姨和叔叔就开着两辆车去城里的农贸市场进货。回来时大约凌晨5点，叔叔负责把蔬菜送到镇上的各个学校，阿姨则将蔬菜送到店里。叔叔不在，爷爷的腿脚不方便，阿姨卸完整车的蔬菜一般都要到早上6点半之后。

得知这一情况后，第二天凌晨5点，李亮放弃了宝贵的睡眠时间，赶到阿姨的店里等她回来，帮她一起卸菜，并一直坚持到实习结束。从住地到贺村有35千米的路程，来回要70千米，但李亮不管回到家有多累，第二天凌晨5点都会准时出现在阿姨的店门口。李亮跟阿姨一家成了好朋友，阿姨家有个读小学的儿子，也跟李亮亲得不得了，把他当成自己的亲哥哥，有时还抱着李亮的胳膊不放，希望由这位大哥哥亲自送他上学放学。

时间一长，阿姨一家被李亮的真诚所感动。阿姨对李亮说：“你到哪里，我的钱就存到那里”。阿姨不仅自己在浙江泰隆商业银行存了15万元，还陆陆续续给李亮介绍了许多客户。在阿姨的帮助下，李亮总计完成存款任务30万元、有效客户15户，被评为该批次的优秀员工。

“真者，精诚之至也。以信接人，天下信之。做一个真诚的人，很多机会就会在不经意中出现。”李亮牢记前辈的训导，从力所能及的小事做起，从毫不起眼的小摊小贩那里做起，用真诚的服务，赢得了客户的信赖，也为将来的合作打下了基础。

## 突破瓶颈，以真情打动客户

正如李亮所说，中小银行相较于几大国有银行而言，自身的短板不言而喻，怎样才能体现出中小银行的优势？靠简单模仿对手是没有出路的，要依靠自身与客户的贴近程度，为客户提供更有竞争力的融资工具、业务组合，要依靠与客户沟通的技巧和能力。

贷款任务对于一个客户经理来说是一项严峻的考验，因为和其他银行比，泰隆的存款有优势——产品多、利率高，但贷款的利率高就成了劣势，怎么办？只有靠更优质的服务、更好的口碑。

作为一名客户经理，更应该努力向客户提供优质的个性化服务，提高客户对银行的满意度、忠诚度及与银行合作关系的紧密度。

有个村庄位于常山的西南部，主要以苗木种植为主，李亮刚去这个村时一个人都不认识。当时，泰隆有个产品叫“党建加金融”，李亮以这块“敲门砖”进村“敲开”了村两委的门。没想到这个产品一推出，就受到了村里党员干部的一致好评，前期反响相当热烈，业务进展相当顺利。但是，到了第三个星期，李亮就遇到了瓶颈，在村里非常有号召力的村主任对李亮的业务不感兴趣，凡是银行的业务员都拒之门外。

面对困难，李亮并不气馁。他发现村主任有位 92 岁高龄的父亲，是退役军人，平时喜欢下棋。于是，李亮每天有空就去陪老爷子下棋，看老爷子牙齿都掉光了，就带些软糯的香蕉给老爷子吃。每次去时，李亮还不忘带上碗和勺子，把剥了皮的香蕉放在碗里剁成泥再喂给老人。

李亮的善行最终感动了村主任，并且这份感动转为了信任。从此，村主任把村里的优质客户源源不断地介绍给李亮。有时，李亮因为业务繁忙没时间去村里，村主任还亲自送村民来办卡并签合同。他还对上门推销的其他银行业务员说：“我们只认泰隆。”

做事先做人，关键是有没有一颗真诚服务的心。作为一名客户经理，一句话、一个细微的动作，往往都能让客户做出选择。李亮用那颗真诚服务的心，诚心为客户服务，赢得了客户的信赖，并成为客户永久的合作伙伴。

## 回到本土，至诚维护好老客户

当初从浙江金融职业学院毕业后，好多同学都选择留在省城，大家都认为李亮一定会选择留在杭州，即使不去跑业务，就凭爹妈给的高颜值，也能找到一份不错的工作。

留在杭州，李亮也想过，但他最终还是选择回到家乡，回到常山。那里有他的父母亲人，那里有他熟悉的方言，那里才是他立足于这个行业的根基。

回到家乡的李亮，面对诸多亲朋好友的劝导，如：应该留在杭州这个大城市，而不是来这只有三十万人口的小地方。面对这样的劝导，李亮骨子里的韧劲出来了：越是不被理解，越要证明自己。

一路走到今天,李亮发现,做一个好的客户经理,一方面要挖掘新客户,但更要服务好老客户。那个著名的“漏斗原理”讲得就是这个道理:如果一个客户经理在一个月内失去100个客户,而同时又得到100个客户,从表面看销售业绩并没有受到任何影响,但实际上为争取这些新客户所花费的宣传、促销成本显然要比保持住老客户昂贵得多。

李亮坚信跟客户之间的交易并不是一锤子买卖,而是一个长期合作的开始,因为老客户熟悉银行的流程、产品及服务,并且信任销售人员。通过老客户的口碑传播往往能带来新的目标客户。

热爱运动的李亮,在球场上认识了同样喜爱打篮球的退休教师。言语交谈中,这位老教师欣赏李亮的为人,顺理成章地成为泰隆的客户。之后,两人一如既往地在球场上“厮杀”,场下,李亮一直保持着晚辈应有的嘘寒问暖和彬彬有礼,老教师也把李亮当自己的亲孙子看待,不仅如此,他还将李亮介绍给附近老年大学里的退休老人。老年大学的生活丰富多彩,只要有时间,李亮就去陪老人们打乒乓球、羽毛球、下棋……在这里,他不仅收获了友谊,也收获了满满的信任,老人们都放心地将闲钱交给李亮打理。

李亮从一个职场新人到如今具有一定信贷工作经验,掌握前台营销业务、后台综合与管理业务,并熟悉保全业务、风险业务,各类贷款包括抵押、担保、信用、存款、承兑汇票等的能手,他一步一个脚印,用实际行动赢得了客户的肯定和口碑。

言忠信,行笃敬。李亮认为,任何营销万变不离其宗的法则就是做事先做人,只要有耐心,肯放低身段,勤恳做事,诚恳待人,就能赢得客户,“勤能补拙”“笨鸟先飞”说得也是这样的道理。在李亮看来,拥有一个好的心态,给客户创造价值,就是给自己创造价值,就是给自己创造一个更美好的明天。

**【师长点评】**

王国维说,古今之成大事业、大学问者,必经过三种境界:“昨夜西风凋碧树。独上高楼,望尽天涯路。”此第一境也。“衣带渐宽终不悔,为伊消得人憔悴。”此第二境也。“众里寻他千百度,蓦然回首,那人却在,灯火阑珊处。”此第三境也。

化妆师说,三流的化妆,是脸上的化妆;二流的化妆,是精神的化妆;而一流的化妆,则是生命的化妆。无妆胜有妆是化妆的最高境界。

销售界也有三个境界之说,一是“围”人,二是“维”人,三是“为”人。李亮的成功形象地说明了这个道理。从菜市场，到乡村，到朋友，李亮用自己的真诚打动了客户，实现了销售的“蜕变”。

银领学院在办学过程中，注重吸收产业、行业、企业、职业、专业等五要素的融合度，加大对学生职业能力的训练，培养适合金融企业需要的高素质技能型人才。作为一个准银行人，五笔打字、电脑传票以及点钞只是最基本的三项技能，精进之后，还要做好销售、沟通、服务等业务工作。希望同学们能从李亮的成功中得到更多的启迪和思考。

# 从数字天赋到信贷专家

**【人生格言】**

在我看来，每个人其实生下来都有一定的天赋，尽管天赋高低不等。有些有天赋的人往往容易自以为是、骄傲自满；有些有天赋的人又过于高估自己而不勤奋，更不愿意吃苦耐劳；还有些有天赋的人根本不懂得把握自己的天赋而荒废了学业。在我们身边，如方仲永那样具有非凡天赋的人很多，但因后天不努力，结果一无所有的也大有人在。天赋如同一株花木，只有勤劳不懈地去修剪，去呵护，去灌溉，才能成为最亮丽的风景。

——徐凡

**【银领故事】**

在中国建设银行杭州中山支行，只要提起徐凡，无论领导或同事，都会伸出大拇指赞叹不已。

的确，在行业系统里，徐凡可谓出类拔萃，一连串的数字足以表明他的实力：2016年发放商业性个人住房贷款1100余笔，放款金额10.5亿元，连续三个月平均发放贷款1.3亿元以上；2016年营销信用卡2000张，电子银行类产品1500户，日均新增存款1600万元，创造中间业务收入150万元，成为建行按揭贷款第一人；2017年(受额度影响)全年发放商业性个人住房贷款800余笔，放款金额7亿元，其中二手房4亿元……

用同行的话说，他现在是资深“信贷专家”。

十年前，徐凡从浙江金融职业学院银领学院毕业进入银行工作，最初做个人储蓄和理财业务，后来做个人客服经理，负责房产投资、房地产信贷等业务。现担任营销主任的他，谈起一路走过来的职业生涯，他说自己最引以为豪的是他现在的工作不仅让他找到了人生最好的方向，更重要的是工作本身带给他的快乐和喜悦。

但是，徐凡说，尽管自己所做的事情、取得的业绩得到了大家的认可和肯定，但在自己看来做得还不够出色，离他的目标还有一段距离。

## 勤奋刻苦　学海无涯

约见当天，我们来到徐凡所在的单位中国建设银行杭州中山支行，才刚停好车欲按事先约好的上四楼，只见一位帅气潇洒，活力十足，系着领带，穿着得体的职业正装，满脸笑容而又成熟稳重的小伙子迎上来热情地打招呼，原来徐凡早已在楼下等着我们了。还未等我们开口，他说：“辛苦你们了。”随后，他非常绅士地挥手做了个请的动作，领我们进了他的办公室。

在徐凡办公室，我们第一眼就看到了他那一叠厚厚的荣誉证书：有在学校参加各种技能比赛的，有他当班干部时的先进个人，有他参加工作后代表行业系统参加技能大赛的，还有他工作中取得的各种荣誉，如建行浙江省分行“先进工作者”、建行浙江省分行营业部十佳客户经理、建行浙江省分行营业部优秀共产党员、建行浙江省分行“最受欢迎老师”、建行浙江省分行营业部“开门红”最佳零售先进个人……

很显然，对于一个年仅 31 岁的国有银行营业部营销主任而言，短短几年时间，获得如此成功，不得不让人刮目相看。

采访时，他谦虚又低调地说，这只不过是自己幸运罢了。徐凡说，他自小拥有一定的天赋，受家庭环境影响的他，还在很小的时候便对数字特别感兴趣，求知欲很强。在父亲的引导和培养下，他十分懂事独立，有自己的主见和想法。

徐凡说，他是属于那类很喜欢读书的学生。从杭州市旅游职业学校毕业后，他进入浙江金融职业学院金融系就读，并进入建行订单班成为银领学院第一届学员。借着学院各方面的资源优势，他进图书馆、跑资料室等，每天除了上课，很少有时间玩。由于成绩优秀，性格开朗，又乐于助人，他被推选为班干部。作为班干部的他，处处带头做表率，连续几次获得奖学金，深得老师和同学的喜欢。因学院历来十分重视学生的技能培养，又加上徐凡学习勤奋刻苦，在最初的时间里，他学得如鱼得水，无论理论还是技能都是班里的佼佼者。

但一段时间的生活和学习后，徐凡逐渐发现很多问题与自己想象中产生了极大反差。随着一些理论知识的深入，他深感头疼。特别是最初学习基础会计时，他感觉这门课十分枯燥乏味，很多概念过于抽象，有时课堂上听着听着就打起了瞌睡，一堂课下来，老师讲了哪些内容几乎没什么印象，这让一直学习刻苦的他怀疑起自己。但看看班上同学，即便枯燥仍是那样埋头苦学，他开始反省自己:作为班干部,如果这样下去,能带好头吗?因此,他给自己制订出新的学习计划和安排,上课集中注意力,课后查资料,与同学、老师一起探讨和交流。这样一来,不知不觉间他竟对会计学产生了浓厚的兴趣。学海无涯,他沉浸在知识的海洋里忘乎所以,这为他后来取得会计从业资格证书及会计专业职称打下了良好的基础。

在技能操作方面,徐凡显露出自己特有的天赋。他谈到,当时技能老师林莉说他最大的优点就是聪明与勤奋相结合。在徐凡看来,技能出色者可以代表学校参加校内外各类技能比赛,这样的机会多么诱人,又怎么能不好好抓住呢?正是这种内心的积极进取与好强,让他干劲十足。在林莉老师的指导下,他努力钻研,持之以恒地练习。徐凡曾多次代表学校参加各类技能比赛,并取得了很好的成绩。2008年毕业前夕,他参加了点钞比赛,为了给学校争得荣誉,他每天坚持训练至少五个小时,每当结束这种长时间的强化训练,他都深感精疲力竭。可他从不敢有半点松懈,即使有时手指伤痕累累痛得忍无可忍,他仍坚持练习到最后,最终为学校争得了很好的荣誉,还荣登浙江卫视进行现场表演。

## 赢在起点　业精于勤

事业的路上,永远没有捷径可言,只有兢兢业业、勤勤勉勉地坚持下去方能有所成就。可以说,徐凡在自己起跑的端点上,以强势之态更胜一筹。2008年,他以“浙江省优秀毕业生”的光荣称号为自己的求学生涯画上了圆满的句号。当时,建行订单班成绩优异的学生,毕业时可以自己选择想去的支行,最后徐凡选择去了中国建设银行浙江省分行营业部。

最初,徐凡对这个平台的具体情况也不太了解,只是觉得适合自己就选择了这个单位。进去之后,经过一段时间的体验和接触,他发现这里环境、工作氛围都很好,且软硬件也都比较完善,有着不少优质客户。在他看来,这是个相当不错的平台。如何在这个平台站稳脚跟?如何提供更好的服务让客户满意?又如何做得更好让领导和同事认可?一系列的问题在他脑海中浮现出来。

徐凡满怀信念地开始了他初入职场的第一步。在领导的安排下,他负责办理个人储蓄业务。尽管他心里早做好了服务客户的准备,但面对工作中遇到的很多实际问题,初出茅庐的他,深感压力,这些压力有业务方面的、政策方面的等。在这种情况下,21岁的徐凡甩开膀子,成了典型的拼命三郎。工作之余,他把所有的时间都用在学习上，钻研业务的同时，又积极主动了解和通读、吃透相关政策，每一点每一步都按照行里的要求去完成，达到预期目标，让领导颇为满意。

2009 年，一个偶然的机会，徐凡进入中国建设银行杭州中山支行(原个人房贷中心)，在贵宾室负责理财业务。相对而言，这里的工作难度大了不少，速度方面也要求更快更利索，特别是外汇方面的业务更是如此。而他所在的部门人很少，加上他也只有两人，庞大的业务量让徐凡焦头烂额。

俗话说，业精于勤而荒于嬉。徐凡深谙这个道理。因此，只要有空闲时间，他便苦练技能，钻研理论，不懂就问，虚心向身边的同事学习。由于人少业务多，加班加点亦是常事。用徐凡自己的话说，一年下来，几乎就没有时间休息。客户多的时候，连午饭时间都要搭上，只好和同事轮流吃饭，两人配合默契。经过努力，他们最终得到领导肯定，受到客户高度赞扬。

在这一年，繁重的工作任务使得徐凡得到了高强度的锻炼，技能达到炉火纯青，还代表建行参加“杭州银行杯”全市金融系统青工技能大赛，获得点钞第二名的好成绩。由于技能精湛，从 2010 年至今，他一直兼职培训师，负责新员工的培训。

## 脚踏实地　至诚至真

徐凡在中国建设银行杭州中山支行所展露的营销天赋让领导颇为赏识。2017 年 9 月他曾一度到建行杭州天水支行担任副行长一职，但不到一个月时间，也就是同年 10 月，他又回到了中山支行个人客户部，被任命为房贷主管，委以重任。

虽然之前已经积累了一定的经验，但工作上还是面临许多问题。摆在眼前的首要问题是要想做好做强做精，就得有更多的客户，只有有了客户，银行才能在行业竞争中立于不败之地。而个人客户部作为银行的核心部分，担当的责任不容忽视。

徐凡明白，这个部门有着相当多的一部分房产资源，而且很多都是比较大的房产企业，如何长久地和这批客户保持合作并拓展更多的新客户，这成为他们部门工作的重点。因此，他给自己提出了相当高的要求：必须知道各个楼盘在什么区域，有多少数量，分别是什么价格、什么样的结构等。同时，他要求员工也必须对自己的业务一清二楚，只有这样，才能更好地服务客户。为了让员工能够更好地拓展业务，让他们及时了解掌握相关政策，他还经常与他们交流，把经验分享给他们。

然而，很多事情说起来容易，做起来却不那么容易。有些房产企业的事情处理起来十分棘手。但不管困难多大，徐凡总是不厌其烦地从宏观到细节，理清脉络，至诚至真地服务客户。他工作起来没日没夜，不管哪里开发楼盘，他都要亲自跑过去。2016年房产火热时，他一天下来精疲力竭，口干舌燥。徐凡说，体力上不说，大脑总是处在紧绷状态。“但是看到客户满意的笑容，我也不觉得累。”徐凡笑着说。

由于徐凡良好的口碑，他逐渐建立起了自己的“圈子”，使得工作上顺风又顺水。他说：“第一次给客户服务好了，人家认可了你，便成了朋友，久而久之，对方又给你介绍其他客户，一举几得。”他介绍，他在做个人储蓄业务时认识了一个客户，最初他听了这个客户的具体情况感到有些棘手，但他不怕麻烦，逐一分析、梳理、厘清，最后为对方提出了很好的点子和建议，让对方非常满意，就这样他们成了朋友。后来这个客户转行去了一家大型房产机构，当年给他介绍了一笔3亿多元的业务。如今，很多房贷客户和开发商既是他的朋友，也是他的合作伙伴，在业内颇受好评。

访谈结束，问起徐凡下一步有何打算时，徐凡说：“随着国家对房产政策的调控，建行审时度势，响应国家号召，目前正开始调整策略，计划着手往租赁项目方面靠近。尽管现还在酝酿阶段，也不知道发展会如何，但这种方式无疑也算是走在时代的前面了。相信只要坚持做下去，路子会越走越宽。”说到这里，徐凡又补充说道：“当然，对于我个人而言，我想今后从房贷管理岗位转行专门从事租赁评审员，这样对自己才是一个全面的提升，也将更好地为‘建’未来而做出自己应有的贡献。”

**【师长点评】**

高尔基说过，人的天赋就像火花，它可以熄灭，也可以燃烧起来。而让它燃烧成熊熊大火的方法只有一个，那就是勤奋，勤奋，再勤奋。

作家格拉德威尔在《异类》一书中指出：“人们眼中的天才之所以卓越非凡，并非天资超人一等，而是付出了持续不断的努力。一万小时的锤炼是任何人从平凡人变成世界级大师的必要条件。”他将此称为“一万小时定律”。徐凡的起点是高的，他对数字有着天生的敏感和记忆，他在深知自身优势的同时，非常懂得利用和把握机会，在任何困难前亦从不胆怯，勤勉奋斗，拼搏进取，这才有了“信贷专家”的美誉。他用自己的实际行动阐释了“只有加倍的勤奋才能成就本身的‘天才’”之名言。

2018 年 6 月，浙江金融职业学院银领学院 2018 届毕业典礼上，银领学院院长陈春祥在毕业致辞中对毕业生提出了三个方面的希望：一、主动拥抱科技，唯一可能从根本上改变和颠覆银行商业模式的就是科技；二、熟练运用英文，特别是口语，这是提升自己、与国际接轨的重要工具和技能；三、真心服务客户，这是显示自己专业水平，尊重客户、将心比心的体现。

可以说，徐凡学长的成功就是陈院长三点希望最好的践行者和见证者。

# 第三章　银领风采之“素养臻备”

分数是高职学生和重点本科学生差异的表面现象，而个人素养的差异才是深层原因。银领学院借助学生职业素质量化考核和班级综合素质测评实施“素质积分”扣分淘汰制，开展系统化的“职业素质提升行动”，全力提高学生素质素养水平。不负所望，银领学院的毕业生们在走上工作岗位后，都成为素养臻备的“职业人”。

# “地标”，以勤勉和坚持筑就

**【人生格言】**

在市场竞争激烈的传统金融行业，想要取得成功，除了必须付出比别人更多的汗水以外，还应该有满腔的热情、扎实的专业知识、勤勉的做事风格和周密的工作计划。这些年，我就是这样持之以恒地一路走了过来。

——杨倩

**【银领故事】**

从柜员到私人客户经理、公司客户经理，再到担任支行的营业部主任、副行长，短短十年，杨倩向着自己设定的职场目标一步一个脚印地前行。特别是最近三年，因为表现突出，各种荣誉也纷至沓来。从中国银行(下称“中行”)金华市分行层面的“优秀员工”到中行浙江省分行的“劳动模范”，再到荣获中国银行总行2017年度“最美一线员工”称号，以及2017年全国金融青年岗位能手，今年刚过30岁的杨倩，包揽了从基层到顶层的一系列殊荣。

## 感恩，母校一路相伴

古人云：滴水之恩，当涌泉相报。杨倩对母校浙江金融职业学院银领学院栽培的感恩之情，几乎渗透于从学校到参加工作的全过程。梳理杨倩最近十余年的人生历程，“感恩”无疑是其中的一个关键词。

其实，杨倩与母校的结缘多少有些误打误撞的成分。高考时，杨倩没发挥好。按父母的意思，选填志愿最好是在省内。听话的杨倩就按图索骥，填报了位于杭州的浙江金融职业学院经营管理系。“我是直到入学之后才知道母校也是有些历史的。”杨倩说道。

意外的惊喜还不只这些。杨倩说，因为专业设置方面的原因，母校从一开始就有意识地加大了学生社会实践的课程设置。她回忆说，大一、大二的校外实践课特别多，专业老师总是给学生联系校外的一些单位，让他们利用周末或者寒暑假等去参加一些活动。从学校的角度，主要是为学生创造主动融入社会的机会，锻炼学生的实际能力。“我当时想，未来报考银领学院是非常注重与人沟通等交流技巧的，通过参加这些实践活动，可以加强自己这方面的能力，所以当时自己的积极性很高。”因为是班里的团支书，杨倩在配合老师组织协调的过程中能得到比其他同学更多的锻炼机会，所以明显感到自己的综合能力在提高。杨倩说：“我高中阶段是一个不爱说话的女孩，但因为频繁参加社会实践活动，逐渐变得外向。”

学院老师还带领学生去观摩一些楼盘和中介组织的营销活动，去杭州的一些知名企业，比如娃哈哈、可口可乐等公司参观访问，并与企业管理者进行近距离沟通交流。“学院还常常请杭州企业界的一些名人来讲课，我记得自己在某一次公开课上还与马云一起合过影呢。”杨倩介绍说，这种大面积、高频度的社会实践活动极大地提高了自己各方面的能力。“说实话，当时还没有太大的感觉，但在银领学院订单班选拔时，自己长期积累起来的经验、自信和开放的态度等都起到了关键的作用。因为当时订单班选拔学生，除基本知识和基本技能考试外，面试分占了很大的比重，我因为表现出色，顺利进了中行订单班。”

进入订单班后，同学间的竞争更加激烈。凭着在大一大二积累的经验，杨倩被同学们选为中行订单2班的团支书。银领学院为激励学生，根据专业课成绩、技能成绩等标准发放较高的奖学金，中行订单班还有额外的奖学金可以申报，因此奖学金更加可观。杨倩进入订单班的第一年，就获得了一等奖学金。“这些奖学金在心理上对我的触动是比较大的。”

“下沙高教园区各相邻高校的学生宿舍是由后勤公司统一管理的，当时我们跟浙江财经学院学生合住同一个宿舍楼。在与她们聊天时得知，她们的奖学金就比较少。”杨倩说，财院是普通院校，在学历上自己内心感到低人一等，毕竟人家高考时比自己考得好，但是在奖学金方面能把她们比下去，杨倩就觉得自己当初选浙江金融职业学院没有错，学院的办学机制更灵活，更能激励学生创造奇迹。

参加工作后，杨倩感触最深的是母校还在继续关注着自己的成长。一般来说，毕业生进入社会怎么打拼是学生自己的事，但学校的老师却长期跟踪毕业生的情况，关注学生的终生教育。“学校的领导对我格外关注，周书记、吴副校长都曾经专程来金华看望过我，了解我的工作、生活和个人成长情况，鼓励我去争取更好的成绩。”杨倩说现在很少有像母校这么关注毕业生成长发展情况的学校了。

杨倩非常感激母校的眷顾，在浙江金融职业学院2017届毕业典礼上，面对着学弟学妹，她发自肺腑地说：“每当别人问我是哪个学校毕业的，我总是把声音提高八度，强调自己是浙江金融职业学院——浙江银行界的‘黄埔军校’毕业的，我为母校感到骄傲和自豪！”

## 挑战，付出终有收获

勤能补拙，这是对先天不足者而言的。如果一个专业知识扎实、专业能力超群的优秀毕业生也能做到这一点，那无异于“给老虎插上了翅膀”。

银领学院第一学期结束前，中行婺城支行来订单班挑选实习生，因为各方面表现出色，杨倩被选中回老家金华中行开始顶岗实习。

刚开始实习那会儿，杨倩确实有点失落感：“比起那些同时进入中行的‘985’和‘211’名牌大学生，我们这些银领学院的毕业生显然跟他们不在同一条起跑线上，人家一进来就铁定是正式工了，而我们唯有靠自己的努力才能争取到更好的未来。”但杨倩对自己的职业生涯有清醒的认识，她认为在吃苦耐劳方面，作为银领学院的毕业生反而更有优势，“知耻而后勇”，特别是像打字、点钞、识别假币等基本技能，自己在订单班的学习中已经打下了扎实的基础。相反，这些技能对于名牌大学的毕业生来说是欠缺的，就这一点，大家也不在同一起跑线上。所以杨倩相信自己一定能先冒出来，当然这得比人家付出更多的心血和汗水。

婺城支行营业部是一个比较忙的网点，杨倩刚去实习时就跟老员工一起加班加点。领导把她安排给一个客户经理做助手，她跟着客户经理四处拜访客户。“当时我的目标就很明确，今后肯定要在这个行里工作，这种与客户打交道的机会非常难得，必须把握住。我没花多少时间，就把拓展和维护客户的整套流程基本都掌握了。”杨倩自信满满地说。

之后按照中行的规定，杨倩又做了半年柜员，因为表现出色提前参加了行里的内部竞聘，以笔试第一名的成绩被聘为支行一个下属网点的综合客户经理。由于该网点地理位置相对偏僻，优质客户资源比较少，而很多中小客户也早已被兄弟银行瓜分殆尽，加上杨倩刚去网点那会儿没有什么资源，一切都得从头开始。

既然大客户争取不到，杨倩就从小客户做起，而且这一做就是三年。杨倩说最初网点附近的客户对中行有一些看法，说大银行看不起小客户。杨倩就放低姿态和身段，在与客户沟通上做文章，腿勤嘴也勤。银行的产品很多，怎样才能让客户对自己的服务感到满意，这是杨倩在这三年中思考得最多的问题。

在杨倩任网点综合客户经理以及之后转任网点负责人的几年里，她反复上门，主动拜访辖内政府、国有企业等优质大客户、大项目，以自己扎实的专业知识向客户推介中行在基础设施建设、民生消费、战略性新兴产业等项目上的产品优势和服务特色。积少成多，聚沙成塔。到后来，在杨倩的主动努力之下，网点客户中大客户渐渐多了起来。“酒香不怕巷子深”，网点所处的不利位置似乎并没打乱杨倩“冒出来”的节奏。在婺城支行下属网点锻炼的几年中，尽管各方面条件都比较差，但杨倩的业绩始终排在支行前列。

杨倩为什么能创造这样的奇迹？她说自己的营销并没有什么独门秘诀，无非体现在一个“勤”字上。除了腿勤、嘴勤，杨倩还做到手勤——记笔记，从正式上班第一天起，她就习惯把工作中的点点滴滴全都记录下来。这些笔记不仅是一笔宝贵的工作财富，也承载着她青春岁月的追求轨迹。

几年的客户经理和网点负责人生涯，杨倩就这样靠着两条腿、一张嘴、一支笔、一个本子、一张笑脸，生生地从同行中“冒”了出来。

## 垂范，领队冲锋在前

与那些喜欢单打独斗的优秀客户经理不同的是，担任婺城支行营业部主任后的杨倩更愿意带着她的团队一起去攀登事业的高峰。中行金华市分行在对杨倩带领的营业部团队进行评价时用了“率先垂范，冲锋在前”八个字。

比如在2016年金华市区城郊某村拆迁款项目的争揽上，面对没有代发资格的劣势，杨倩带领她的业务团队坚持“5＋2”“白加黑”，持续作战，一家家走访，一户户紧盯，最终将100余户村民合计1亿元的拆迁款转存到了中行。

杨倩认为，作为主管，在开展各种金融业务时，自己必须带头。今年上半年，杨倩个人就实现贵金属销售536万元，并代销期交保险1000万元打单。

“跟我上”的结果，是营业部员工们的业绩也大幅上扬。今年上半年，中行婺城支行营业部个人存款时点新增1.37亿元，日均新增1.09亿元；个人贷款累计发放1057笔，实现投放4.68亿元，余额较年初新增2亿元；主要经营业绩名列中行金华市分行各兄弟支行前矛。婺城支行营业部的业绩也受到了上级行的高度重视，营业部去年以来先后获得中国银行浙江省分行的“中银卓越中层”、金华市分行的“优秀集体”，并获得“中银卓越团队贡献奖”。

杨倩认为,一个团队要取得好的业绩,必须在合规范围内开展业务,形成一种风清气正的团队精神,以扎实的专业知识去服务客户,而不是用世俗的做法承揽业务。“我虽然比较有亲和力,但我一般不会以请客吃饭送礼的方式去争取客户。比如房地产企业客户,放款回款的效率是他们最关注的,那我就在提高效率上下功夫。有的客户与我们合作了三年以上,但我们之间连顿快餐都没吃过。”杨倩说。

利用好中行的品牌价值也是杨倩在开展业务时非常看重的一点。现在,中行婺城支行营业部的影响力日益扩大,特别是在房贷市场,目前已经控制了金华市90%的市场份额,全市的车贷市场也有70%的份额被营业部拿下。在三四线城市,一家银行能创造这样的局面是非常惊人的,这样的业绩也使得中行婺城支行成为金华市商业银行在固定资产投融资领域公认的“地标”。但作为营业部负责人和主要业务经理的杨倩却说:“这些成绩的取得不是偶然的,这里有中行产品创新、营业部全体员工密切配合、上级行大力支持等多种因素。我始终认为,中行的品牌价值是十分关键的。”

如今,中行婺城支行营业部已成为同行争相看齐的“地标”,年轻的杨倩任重而道远。

**【师长点评】**

“务实、专业、向上、追求卓越”是中行金华市分行企业文化的核心价值观,而“迎难而上、敢于攻坚、勇于担当”则是杨倩职业精神的集中体现,当集体的价值观和个体的事业追求高度吻合时,成功就近在咫尺了。

每天第一个上班,最后一个离开银行,如果是职场新人,人们或许会不以为然,而杨倩却坚持了整整十年。这种坚持,不是常人所能做到的。工作十年,记事本整整塞满两个抽屉,同样是一个令人吃惊的纪录。杨倩的故事充分说明:坚持和勤勉远比天赋和背景更重要!

以杨倩为代表的新一代优秀校友,虽然没有值得吹嘘的学历,却以实际行动践行着他们的工作信念,彰显着金融行业特有的“工匠精神”。

# “明星大堂经理”的成功秘诀

**【人生格言】**

永远不要放弃好奇心与学习能力，认真对待平时经历过的事情，它会对之后的工作与生活产生重要的影响。

——冯洁

**【银领故事】**

下午 2 点的渤海银行杭州分行，人头攒动，咨询办理业务的客户络绎不绝。同样，银行员工也略显忙碌，电话不断，手里的活也不停。我们见到冯洁时，她正在为客户讲解理财产品。冯洁个子小小的，头发扎成干练的马尾，圆圆的略显稚嫩的脸蛋中隐含着一丝老练，语言亲和又干脆，显得十分外向开朗。与她稚气未脱的脸庞不同的是，冯洁已经是渤海银行杭州分行营业部的大堂经理主任。从浙江金融职业学院银领学院毕业至今，冯洁已经在银行里走过了将近十年的职业生涯。

十年，也让冯洁从一名初出茅庐的“愣头青”，成为渤海银行“一线员工的标杆”。她先后荣获渤海银行杭州分行“服务明星大堂经理”“优秀员工”，2014 年度“浙江省金牌理财师”、渤海银行总行“十佳大堂经理”、中国银行业协会明星大堂经理“魅力之星”，2016 年度浙江省金融青年服务明星，2017 年全国金融青年服务明星等多项荣誉。

一项项成绩、一声声好评的背后，是她放弃休息、勤学苦练的背影，是她设身处地为客户提供细节服务的背影，是她默默无闻地、力所能及地奉献爱心、投身公益的背影。

## 勤奋开朗的“准柜员”

进入浙江金融职业学院学习之前，冯洁就已经听说了该校的“招牌”就是银领学院。银领学院与各大银行深入合作办学，提供好多家银行的实习与就业机会，可以说是进入金融行业的“敲门砖”。银领学院学生更注重学生技能的培养，对学生的要求也比一般学生要高一些。在大三的时候，冯洁靠着自身的努力，如愿以偿地进入银领学院“浦发银行订单班”学习。

银领学院老师对每位学生尽心尽责，严格要求每位学生，而且非常关注每位学生的心理状况，及时联系，及时疏导，甚至为学生联系、落实实习单位上下奔走。冯洁笑称：“老师对我和同学，就像对自己的弟弟妹妹一样，原本我对自己要求没有那么高，但在老师的关心和督促下，我变压力为动力，努力成长，刻苦学习技能。”

在银领学院订单班学习的学生毕业后都会进入银行一线网点，从储蓄柜员做起。储蓄柜员的基本功就是点钞，用尽可能快的速度和尽可能高的准确率节省业务办理时间，从而提高服务质量。因此，如何在短时间内将基本功练到“炉火纯青”，成了冯洁在“订单班”学习的目标。她勤学苦练点钞、中文录入等基本技能，同时强化礼仪、人际交流等职业素质，不断提高业务能力。经过勤学苦练，冯洁凭借扎实的基本功提高了办理业务的效率，节约了客户大量的时间，使她赢得了行内的前辈以及学校老师的一致赞赏。在良师诤友的帮助下，冯洁在银领学院打下了扎实的业务基础，有几项考核成绩甚至远远超出了最高要求，在班级里名列前茅。

在学好专业课的同时，冯洁积极参加学校组织的社团活动。凭着自己外向开朗的性格，她在学校话剧社担任了一年的社长，组织策划话剧，拍摄微电影，参与学校演出。她万万没想到，在课余活动中锻炼的组织能力在她之后的工作中发挥了很大的作用。冯洁说：“当时没想那么多，但现在来看确实对我的工作和生活都有帮助。”

## 善于学习的“大管家”

进入银领学院是第一步，进入银行工作是第二步。2010 年初，冯洁从浦发银行转至渤海银行工作。有了前一段工作的铺垫，站在新的起点，冯洁对自己未来的职业生涯充满了信心。

刚进入银行的时候，冯洁只是一名普通的柜员，自然也经历过一些小挫折，譬如清点存款出差错等。冯洁回忆：“毕竟出了差错，对自己的心理打击还是比较大的，但是挫折能让人更快成长。”这些小小的挫折没有让冯洁退却，反而激发了她的斗志。她比之前更加细心，也更加有耐心。在之后的工作中，冯洁很少出错，也慢慢胜任了柜员的工作。

担任柜员一段时间以后，冯洁没有局限在单一的岗位思维上，萌生出“想学到更多东西”的想法。哪里最锻炼人呢？当然是最基础的大堂经理。于是，冯洁大胆提出转岗的请求，而银行也十分支持冯洁的想法，给予冯洁转岗的机会。最终冯洁成功转岗成为大堂经理。站在银行大堂，她对即将到来的挑战充满了期待。

银行有一种说法，大堂经理对外是网点的“代言人”，对内是大堂的“大管家”，同时又是“消防员”和“救护员”。也就是说，大堂经理肩负着一个营业网点非常重要的职责。大堂经理直接和客户交流，是客户对银行的第一印象。因为要协助客户办理业务，所以大堂经理要熟悉所有业务的相关知识，甚至要协助柜员处理业务，亦是一个全知全能的角色。冯洁刚一转岗到大堂经理的岗位上，等待她的是所有业务的培训，接收的信息量是之前担任柜员时的两三倍。虽然学习难度大，但她认为“只要用心不会太难”，她虚心向每一位老员工求教，积极参加行内相关业务培训，坚持每日自学专业书籍。通过不懈努力，她先后取得了会计从业资格、银行从业资格、基金从业资格等证书，获得 AFP、CFP 理财师资格，成为中国银行协会高级财富管理师，考取了理财、证券等多种业务销售资格，为客户提供更专业的理财服务。冯洁说：“无论领域多么陌生，只要有能力做的业务，我都会从零开始学习，然后发挥自己的能力去做。”

冯洁立足本职岗位，从小处入手，主动抓好服务细节，为客户提供优质高效的服务。面对不同年龄段的客户，冯洁根据客户不同的需求，为客户介绍不同的产品。例如，面对企业主，要涉及企业经营、税务规划甚至遗产传承等方面的知识；面对中老年客户，需要做好风险配备，要满足稳定资产的需求，因此要为他们介绍一些风险较小的理财产品；而年轻的客户还处于事业发展期，消费需求比储蓄需求更大，因此要为他们提供合适的贷款产品。

在熟悉业务的同时，冯洁还要学会安抚客户的情绪。因为种种原因，一些客户在银行办理业务时难免会情绪激动。冯洁说，等客户已经很激动很愤怒的时候再去安抚，一般收效甚微，大堂经理要做到在客户发怒之前就安抚好客户的情绪，如同一个防患于未然的“消防员”。同时，大堂经理还要学习基本的急救知识，制订好突发情况的应急预案。据冯洁回忆，有一次一名客户突发心脏病，非常恐慌。她迅速安抚客户的情绪，并利用平时学的急救知识，及时启动应急预案，最终使客户化险为夷。

作为一名大堂经理，许多工作无法量化考核，“做得好不好，客户说了算”。

为了更好地做好大堂经理的服务工作，冯洁还自行设计了《客户意向表》和《重点客户信息表》，主动邀请客户填写，并从客户的意见反馈中发现自己的不足，及时调整自己的服务。冯洁的小小创新获得了领导的认可，并将她的经验向所有网点推广。现在，渤海银行的客户调查问卷已成为大堂经理一项固定的工作，极大地推动了网点零售业务的拓展工作。

在工作岗位的实践中，冯洁发现，心理咨询和与客户沟通交流有相通之处，同时对自身的心理建设也有好处。为了更好地服务客户，2018年初，利用工作之余的空余时间，冯洁自学了心理学的相关知识，并考取了国家三级心理咨询师证书。自此，在处理客户业务的时候，冯洁能够设身处地地体会客户的需求，更稳定地掌握客户的心理状态，在处理业务的时候显得游刃有余。除此之外，冯洁还为同事开展心理咨询，帮助同事开展心理建设。冯洁说：“虽然遇到的麻烦和坎坷并不因此比别人少，但心理学的理论和知识还是有可能使我活得更未雨绸缪一点，更清楚明白一点，更从容坦然一点。”

在近十年的银行工作中，冯洁积累了丰富而全面的银行金融知识，包括营运、财富、零售客户经理、个金管理等，而职级也从大堂经理升至大堂经理主任，进入管理层。从2015—2017年，冯洁创造了3000万元存款，3亿元理财，1.5亿元存量个贷的优异业绩。

## 热心公益的“小太阳”

除了做好本职工作，天性乐观善良的冯洁还积极响应银行的号召，活跃在各类公益活动中。

渤海银行杭州分行坐落于省残联旁边，常有残障人士前来办理业务。有一些残障人士是独自前来的，向冯洁咨询的时候用了手语。冯洁一开始不会手语，看不懂，感到很紧张。她暗暗下定决心，下次再遇到这样的情况，不能再这样手足无措。为了更好地为残障人士服务，冯洁在工作之余，利用空余时间自发考取了初级手语证书，还带领同事一起学习。冯洁说，现在因为自己会手语，残障人士更容易与她亲近，她自己也非常有成就感。冯洁还参与录制了渤海银行杭州分行手语服务教学片，在分行推广手语服务。除此之外，冯洁亲自策划、组织了“体验盲人一分钟”活动，让员工蒙上眼睛模拟盲人，去做一些日常小事，通过活动的方式，让员工对残障人士生活的不容易感同身受，也让员工更有耐心地去服务残障人士。

冯洁还深入社区，积极参加“心防工程”“六五普法”等活动，向网点周边的社区居民普及金融知识。同时，她多次参加服务户外工作人员的“一杯水活动”、针对60岁以上客户的“老宝贝”计划与“向日葵计划”爱心助学活动，并担任“向日葵计划”的讲师。每逢节假日，她会带着大包小包的礼物，走进养老院，慰问孤寡老人。冯洁热心公益、服务群众的身影成为渤海银行一道亮丽的风景线，也温暖了许多客户的心。

冯洁觉得，做这些公益活动，能让自己的心里永远有一块柔软的地方，不被各种考核压力、数据压垮。不忘初心，在生活中保持善良，和他人彼此善待，对工作也很有帮助。

渤海银行杭州分行营业部倪经理评价说，冯洁非常适合这个岗位，也能够抓住机会，她就像是一个“小太阳”，自带光芒，不仅温暖了客户的心，也照亮了网点；不仅营造出了积极向上的氛围，而且对行内的工作产生了积极的推动作用。

**【师长点评】**

一个人的综合素养，除了体现在一个人的知识水平方面外，更多地体现在道德修养及各种能力上。

近年来，银领学院为提升学生的综合素养，以校企合作为平台，以双师团队为依托，以订单培养为起点，以优质银领为目标，始终坚持“校企合作、产教融合”，瞄准企业人才需求，校企共同制定人才培养方案，企业参与人才培养全过程，深化创新创业教育改革，将教学与实践紧密融合，不仅仅着眼于提升学生的核心业务知识能力，更着力于培养学生的实践创新能力与社会责任感。

在培养专业能力的同时，银领学院要求学生的个人道德品质和素养必须过关。冯洁之所以能够在职业生涯中取得这样的成绩，除了她本人拥有着外向、开朗的性格之外，与学校培养了她善于学习、勇于学习、善于抓住机会的品质不无关系。

# 雏凤清啼，综合素养助力飞翔

**【人生格言】**

获得良好的发展平台，对个人的成长无疑是有利的。但是，越努力才会越幸运，有了平台之后，更需要善加利用，在时间和汗水中练就一技之长，在感恩与执着中收获健全人格，最终方能实现梦想，超越自我。

——李晨晨

**【银领故事】**

2017年，浙商银行总行首届青年员工演讲比赛现场：

在主持人报完幕后，台下安静下来，只见一个高挑的美女迈着沉稳的步伐走到演讲台的聚光灯下，先是缓缓向正下方鞠了一躬，然后又优雅地分别向左边、右边的观众行了一个礼。“大家好，我今天演讲的题目是‘多一点’。”随着她清脆的嗓音响起，演讲台上巨大的PPT幕布相继出现她埋首案头工作、与母亲拥抱、与同事欢笑、与领导交谈的画面。伴随着抒情的乐曲，她将自己700多天的银行工作凝成一首极富感情色彩的“歌”。她从细处着眼，将个人的小我一点点放大，揭示出银行岗位的精神：诚心多一点、耐心多一点、细心多一点。她，就是李晨晨，一个90后女孩，入岗刚刚2年44天。

尽管还有点稚嫩，却犹如雏凤清啼，向台下所有观众展示了自己演讲上的专业水准，彰显了她难能可贵的敬业精神和自尊自信。演讲完毕，台下响起热烈的掌声。初次参加全国大赛，这个刚刚从浙江金融职业学院银领学院走出的优秀毕业生——李晨晨就以她“落落大方的气质、温婉优雅的风度、细腻真情的表达”征服了观众，给大家留下了深刻的印象。

## 结缘浙金院　综合素养“初长成”

李晨晨生于1992年，从小性格活泼，在学习之外，很喜欢与人打交道，擅长辩论，并渐渐对演讲萌生了兴趣。高中时，李晨晨参加了几次学校的演讲比赛，每次都获得第一名的好成绩，崭露头角的她为今后的职业发展又增加了一分实力。

高考时，李晨晨发挥失常，以一分之差与本科院校失之交臂。这时，她从一个同学的妈妈那里得知，在浙江杭州有一所高职——浙江金融职业学院，因培养银行金融人才而深受赞誉。李晨晨眼前一亮：这是一个改变命运的机会，虽然还没有清晰的未来蓝图，但不去闯一闯，在徐州只能当一个收银员或超市小班长。就这样，她带着懵懂和憧憬，离开从小生活的江苏徐州，来到了浙江金融职业学院，开启了新的人生。

到银行工作并不是一件容易的事，但李晨晨打定主意：前途需要自己打造，成事在人，先学好专业知识，然后再慢慢规划将来的职业发展之路。

进入会计系信用管理专业后，李晨晨像一条鱼儿游进了大海，尽情领略这所学校和这个专业的魅力，自由茁壮地成长。在这里，学校不仅仅要求学生成为一个有专业技能的人，更强调学生的综合素养，并提供了得天独厚的条件，鼓励他们延伸、拓展自己的兴趣爱好。正如银领学院党总支书记王祝华常说的：“即使一个人的会计、金融概论科目考了 99 分，但是如果个人品质不过关，也不会有长远的发展。”

李晨晨将这句话记在心里，在学好专业课的同时，积极利用学校提供的宽松环境、自由氛围和丰富多彩的活动，在参与中历练，在交流中积累。要在这个充满竞争、高手如云的校园里崭露头角，李晨晨深知：必须要有一项亮眼的特长。出于对演讲的热爱，李晨晨参加了学院的辩论队，在院系组织的每一场辩论赛中几乎都能看到她活跃的身影。

为了提升演讲的技能，李晨晨从未止步。在班级演讲比赛中胜出后，她并没有满足，而是投入地思考如何进一步改进自己的演讲能力，如何学到更多的演讲技巧。通过自己摸索、反复练习，同时借鉴其他选手的长处，她的演讲技巧也越来越娴熟，不仅交流沟通能力、临场应变能力、场面把控能力等都上了一个新台阶，而且台风自成一体，干练自信。在接下来的全院演讲比赛中，李晨晨经常拿奖，很快成为学校里的“演讲明星”。

## 苦练基本功　持之以恒“天不负”

在李晨晨心里，始终有一个“银行职员梦”。因此，进银领学院银行订单班成了她的首要任务。在她就读的信用管理专业，李晨晨不仅要学习会计知识，还要掌握财务管理和信用管理知识，并且将三者融会贯通，从而大大拓宽了专业知识面。

在李晨晨看来，学习要吃苦，但不能死记硬背、埋头苦读，因为现在是一个追求效率和质量的时代，更讲究方法。每当遇到学习瓶颈，李晨晨都会谦虚地向“学霸”和技能冠军请教，经过“高人”指点，她一下子就发现了自己冥思苦想很久都找不到的毛病，从而大大提高了效率。而且，通过借鉴他们解决问题的思路，李晨晨也懂得了遇到类似问题时应如何思考。

随着学习的深入，李晨晨更坚定了进“银行订单班”的决心。但是，想进“银行订单班”的人趋之若鹜，加上省外学生名额有限，李晨晨的机会就更少了。李晨晨再次找到了银领学院党总支书记王祝华帮她分析。王书记告诉她，浙商银行的订单班只需要少量的省外学生，他们有一个南京分行：“如果你能进这个订单班，毕业后有可能被分配到南京工作，离你的家也近一些。”

这是一个难得的机会！听了王书记的一席话，李晨晨决定再加一把劲。当时，李晨晨的技能考试成绩并不理想，虽然五笔达到了“优秀”，但点钞“不及格”，传票刚“及格”。在订单招聘推荐表上，学校会将学生的各项技能成绩写在上面，如果学生的五笔、点钞、传票三项技能都达到“优秀”，无疑会大大提高进“订单班”的概率。但是，眼看技能水平考试只剩下最后一次机会，时间紧迫，怎么才能快速提高专业技能呢？

李晨晨想起了平时上课时老师的教导：如果不拼一把，你永远都不知道自己有多优秀。于是，每天五点半，李晨晨早早起床，抱着一包点钞券去教学楼练习一个多小时，然后再抱着点钞券回宿舍，跟刚起床的同学一起去上课，每天风雨无阻。在课间，李晨晨也抓紧练习小键盘录入翻打传票。经过高强度的训练，李晨晨硬是将生疏的单指点钞技能练得越来越熟练，尽管手上添了一个又一个伤口，但功夫不负有心人：她以三项技能“优秀”的成绩，顺利通过技能水平考试。

凭借过硬的专业技能，以及优秀的演讲才能、扎实的综合素养，李晨晨被浙商银行选中，步入了新的发展阶段。进入浙商银行订单班后，李晨晨保持这股不服输的拼劲，向更高的目标攀登。很快，她报名参加了全省高职学生职业生涯规划大赛。提高技能和准备比赛，让李晨晨肩负了双重的压力，但她却将之视为对自己的历练：这两者并不冲突，而且是互相促进的。她一边认真上课、努力训练职业操作技能，一边跟随大赛的指导老师准备职业生涯规划比赛。

在以往的同类大赛中，浙江金融职业学院曾经取得的最好成绩是三等奖，指导老师给了李晨晨这个三等奖的模板，让她做参考。李晨晨在对自己的职业生涯进行规划时，第一次全面、细致地对自己的性格、兴趣以及特长等进行了梳理和反思，也在一点点准备中，看清了方向，确定了短期和中长期职业目标。在规划中，李晨晨充分展示了自己的演讲特长，语言组织流畅，职场规划鲜明。在竞赛中，这份职业生涯规划在大赛中突出重围，荣膺一等奖。李晨晨不仅以优异的成绩证明了自己，为学校赢得了荣誉，更在比赛准备过程中重新认识了自己的长短板，找准了今后的出路。

## 进入浙商银行　职场天地“不止步”

乐于交流，勤于学习，善于思考，是李晨晨在浙江金融职业学院积累的无形财富。李晨晨以优异的成绩获得了浙商银行南京分行实习的机会。刚开始，李晨晨被分配到浙商银行南京分行营业部进行顶岗实习，先后在大堂和现金部轮岗。踏实工作、虚心好学、心怀感恩的李晨晨很快融入了这个新的集体。一旦有什么不懂的地方，她都会谦虚地向同事请教，并表示真诚的谢意，深受大家的欢迎和喜爱。在顶岗实习结束前一个月，李晨晨被提前选调到银行会计部工作。拿到毕业证书后，她顺利地进入了会计核算中心，做起了银行新开设的“涌金票据池”业务的相关工作。

李晨晨没有从事过基层柜员工作，而是直接去了会计部，对很多人来说，这是一个难得的机遇，但李晨晨担心这样是否不利于自己将来的发展，于是再次给母校的王祝华书记打电话咨询，王书记给她吃了一颗“定心丸”：“只要用心学，任何岗位都能学到东西，职场的发展之路并非只有一条，条条大路都可以通罗马。”

虽然工作内容已经驾轻就熟，但李晨晨追求上进的心依然火热：为提高业务技能，她自律地每天早上 5 点 40 分起床，用一个小时的时间勤加练习，使自己的点钞、传票等技能更加熟练。一分汗水一分收获，通过持之以恒的练习，李晨晨已经从原来的 5 分钟点 8 把钞上升到 5 分钟点 11 把钞，但她认为现在的速度还不够快。

在工作中，李晨晨发现自己是同一批进银行的职员中唯一一个高职毕业生，这给她造成不小的压力。但身经百战的李晨晨早已练就了“化压力为动力”的本领：面对强者如林的竞争市场，唯有积极进取、敢于突围，才能获得更好更大的发展空间。李晨晨主动为自己“加码”：在南京大学报名了本科人力资源管理专业自学考试。平时，李晨晨按时上班，周末去上课，到目前为止，已经成功通过五门学科的考试。李晨晨说：“这样做，一来是提升自己的学历，充实专业理论知识，让自己将来有更多的发展机会；二来让自己养成终身学习的习惯，让自己的职场天地更加宽广。”

而演讲一直是李晨晨的看家本领，在一次全国性的演讲比赛中，她凭借精彩的表现，让自己更加出彩。

2017年，浙商银行首届青年员工演讲比赛在杭州举行，李晨晨所在的南京分行将选出一名优胜者代表江苏省区参赛。李晨晨自告奋勇地参赛，并凭借出色的舞台表现力在全省的竞赛中过关斩将，成为冠军。

要去总行舞台上一试身手，让李晨晨倍感身上的压力。因为自己肩负着单位领导的认可和同事的支持，李晨晨对这次的演讲更加重视，不仅提前拟写主题演讲稿，而且还反复练习语气、手势，挑选合适的背景音乐，制作PPT。在背熟演讲内容后，李晨晨更抽出闲暇时间不停地修改，反复地斟酌词句，有的时候甚至准备到半夜。比赛前一天，李晨晨也没有放松，继续与自己的指导老师再一次模拟演讲，并做最后的修改和完善，力求打动人心，直到最终定稿，李晨晨的演讲稿一共修改了不下20次，演练了数百次。

在比赛现场，李晨晨的演讲声线清脆、感情丰沛，让评委和观众听到了属于她的“雏凤清音”。

**【师长点评】**

一个人的综合素养，在未来发展中所占的权重要高于专业技能。为了让银领学院的学生毕业后能够在藏龙卧虎的金融领域有所发展，学校始终坚持一条教育理念：不仅仅关注学生的业务能力，更强调综合素养的塑造，通过培养他们在某一方面的特长，使其拥有自己的核心竞争力。

学校在培养银行金融人才时，要求学生的个人道德品质和素养必须过关。李晨晨的成功，首先是因为她在学校期间强化了综合素养：积极进取、谦虚好问、刻苦钻研、心怀感恩、善于规划……这些都让她在遇到困难时能够勇往直前，在得到帮助时懂得感恩，在前途迷茫时坚持突围，最终克服一个又一个生活、学习中的障碍，成长为一名优秀的银行职员。

# 坚守基层，笃志践行

**【人生格言】**

在成功的道路上，眼高手低是阻碍前进的绊脚石。从基层做起，从小事做起，一步一个脚印前行，脚下的路才会越来越宽。无论在什么岗位，无论大事小事，要想有所收获，要想超越别人，需要努力，需要决心，需要坚守，同时，也需要各个方面的能力以及一份忠诚和责任。

——卢彬

**【银领故事】**

在这个时代，很多人向往大城市的繁华与风光，与相对寂静、闭塞、落后的农村渐行渐远。银领学子卢彬却不一样，他2012年毕业回到家乡湖州长兴，在这片热土上乐此不疲地工作并快乐着。他说，基层虽然落后些，各方面也比不上大城市，但与纯朴、厚实的农户打交道，他感到很踏实，也很满足。

在长兴联合村镇银行工作的短短几年时间里，卢彬从事过临柜岗位、后台管理岗位，以及现在的农贷客户经理岗位（担任支行转型主管一职），无论在工作中，还是工作之余都取得了喜人的成绩：2017年联合系14家村镇银行优秀网格评选，所辖村高地村成功荣获“最佳网格”称号，个人荣获“最佳人气选手”；2016年度，被评为行内“优秀员工”；2014年度，被评为“行内优秀员工”“先进个人”；工作之余，参加2013年度、2015年县级演讲比赛分别荣获三等奖；参加行内五周年、十周年演讲比赛分别荣获二等奖；参加行内“联合好声音”歌唱大赛荣获二等奖；2015年度参加联合系职工运动会荣获男子个人跳绳第二名；等等。

## 寒门学子　出类拔萃

眼前的卢彬，如同他的名字一般，彬彬有礼，谈吐不凡，热情友好。一身得体的白色职业装，一张稍显稚嫩却不乏稳重又成熟的笑脸，让本身英俊又帅气的他充满活力和魅力。卢彬是湖州安吉人，1989年出生的他显得比较早熟。他出生于农村，家庭条件不是很好，勤劳的母亲不仅含辛茹苦将他拉扯大，更教育他穷人的孩子一定要争气，对他影响很大。卢彬谨记母亲的话，无论在学习上还是生活中,独立自主,从小就养成了吃苦耐劳的精神。

2009 年高中毕业时,他从一位学姐那儿了解到浙江金融职业学院,特别是该学院在就业、专业等方面的优势深深吸引了他。他最终报考了浙江金融职业学院,并顺利收到了录取通知书。卢彬说:“浙江金融职业学院的确是一个造就人才的大舞台,从这里出来的学子都信心满满,怀揣学识和技艺去实现人生的梦想。”

卢彬进入浙江金融职业学院后,起初是有些迷茫的,特别是相比高中阶段,大学里的自由无拘束,让他深感困惑,还一度因为自己没上本科而产生了一些负面情绪。班主任吴国平老师是个极其细心的人,在一次对新生各个方面进行摸底的时候,他感觉到了卢彬的情绪不稳定,便主动找他谈话。卢彬把自己的困惑向老师述说后,吴老师用自己的亲身经历来鼓励他,并赠送他一句话:“是金子总会闪光的。”这句话,也一直种在他的心中。此后,卢彬不仅刻苦努力学习理论知识和专业技能,而且积极参与各项活动,努力促进自己全方面成长。

大一竞选班长,卢彬以最高票数当选,此后又进入系学生会纪检部,纪检部的工作得罪人,吃力不讨好,也正因为此,他学会了如何与人沟通和交流,如何做到公私分明,严于律己。学生会换届选举中,活跃于社团的他,通过竞选又当选为系学生会副主席。在这个时期,他兼顾学好理论和练好技能,还挑起各个方面的工作重担。尽管每天早起晚睡,但他从不叫苦、叫累。他说,学生会工作虽然烦琐,很多事情还费力不讨好,但他尽量做到张弛有度、尽职尽责。不管是大型的文艺晚会,还是迎新晚会、辩论会,或是小到一个班会,卢彬每次都圆满完成,是同学和老师眼中出类拔萃的佼佼者。

谈起这段经历,卢彬说,虽然非常辛苦,也很操心,但很好地锻炼了自己各方面的能力,包括组织能力、自控能力、交际能力等。成绩优异的他,大二结束后顺利进入了银领学院联合村镇银行订单班。他说,进入订单班后,感觉压力比以前更大了,学习、技能、业务操作等各个方面均需按照行业标准培养,对学生的要求更高、更严。也正是银领学院的订单式培训,让他得到全方面成长。三年后学有所成,回到了湖州,顺利进了长兴联合村镇银行。

## 积极主动　口碑良好

在长兴联合村镇银行小浦支行,卢彬的口碑极好。支行的施行长是这样评价他的:“小卢作为一线年轻员工,有很多优点值得肯定:其一,业务相当精通,既是客户的好帮手,又是营销的好能手,业绩指标均名列前茅;其二,责任感相当强,无论大事小事都脚踏实地认真完成,把支行当成自己的家,想客户之所想,急客户之所急;其三,工作非常努力,吃苦耐劳,原则性强,严格遵守行里的一切规章制度,传帮带的能力强;其四,有敏锐的市场意识,主动性很强,在农村这个广阔的平台里与农户打成一片。同时,他知识全面,对相关政策、文件等熟悉又精通,而且口才一流,是我行极为出色的主持人。”施行长说到这,笑了笑又补充说:“小卢是我们行里最帅气的优秀后备人选。”同事对他亦相当认可。他的同事小蔡说,卢彬做什么事情都非常主动,又乐于助人,他工作上遇到不懂的地方,卢彬都会一点一滴地教他;工作忙不过来,卢彬做好手头工作后也会主动帮他,有时还与他一起加班加点,直到把事情做完。

卢彬能得到单位领导和同事的肯定,与他的付出和努力分不开。入行前,他在李家巷支行临柜实习了六个月,跟在师傅后面认真学习每一笔业务,勤记录、多开口,小事杂事抢着做,工作认真负责。2012 年 7 月,他正式签署了第一份劳动合同。刚进营业部时,他做的是交换岗,每天做着一些传票、支票、封包邮寄等杂而细的工作。这种工作无疑是十分乏味的,但他认为事不分巨细,用心投入去做就是最好的。他忠于职守,尽职尽责,把每一项工作都做得十分出色,很少出差错。

工作不到一个月,他荣幸地被挑选到后台业务管理部,从事营销管理岗。这对于年轻的卢彬而言,既无比幸运,又充满挑战与压力。他刚接手营销管理岗,就挑起了重担:营销活动策划、产品开发设计、宣传、广告投放、对外联络、产品推广,等等。面对忙碌的工作,他忘我地沉浸于其中。有付出就有收获,短短几年的时间,他以自己出色的工作表现获得领导与同事的肯定。2016 年 7 月,总行要在小浦镇设立支行,很多人觉得基层太苦,不愿意去,而他却觉得基层是个锻炼人的好地方,可以把自己所学的理论知识运用到实践当中去,更能帮助农户做一些有益的事情,于是主动找到领导要求去小浦,担任了农贷客户经理,从事一线营销工作。

万事开头难,一切要从零开始。为迎接新的挑战,并快速打开工作局面,他精心策划小浦支行开业营销宣传活动方案。之后,他带领团队,顶着炎炎烈日,展开地毯式的进村入户宣传营销,为小浦支行开业宣传造势。早上 6 点,他和同事就已经奔波在各个村落的菜场集市,晚上 7 点又准时出现在乡村广场和一些人群聚集的地方，向那些出来散步、跳舞的村民宣传支行开业的情况。经过半个多月的努力，小浦支行盛大开业，引起了轰动。开业当天，到场客户数达五百多人次，场面十分火爆，整个支行被围得水泄不通，现场开卡达300张，定期存单近70张，当天存款新增2247万元，创下历来网点新开到场人数最多、业绩最高的纪录。

从2016年至今，卢彬在自己的岗位上兢兢业业，从各类会议模块、转型工作、工作日志、转型费用分配管理到总行其他转型工作，都一点一滴做得细致入微。而支行季度主题活动、支行行庆活动、迎新春活动方案设计及活动的开展，他同样组织得有声有色，让领导和同事十分赞赏。据统计，仅2016年支行转型活动规划中，他就组织了微型活动200多场、小型活动120余场、中型活动6场、季度主题活动4场、大型活动2场。

## 倾情基层　无悔青春

谈起目前的岗位，卢彬深感自豪。诚如他所说：“在很多人看来，我当时主动请缨来到小浦这个小地方有些不可理喻，但我非常喜欢这里，喜欢这里的一山一水，更喜欢和这里的人打成一片。”

卢彬说，来到小浦快两年了，早已与这里产生了深厚的感情。他温暖别人的同时，也快乐了自己。采访中，卢彬说起了一件最让他难忘的事情：一次，支行举行营销活动，活动上除了赠送相关礼品，还有抽奖等活动项目。当他主持完活动后，见一位和蔼的阿姨急匆匆地跑进营业大厅，就非常热情而礼貌地问对方需要办理什么业务。阿姨见卢彬如绅士般友好，就把事情告诉了他。原来，这位客户要存钱，但在别的银行等了老半天也没轮到她，感觉那家银行做事效率太低，便一口气跑到他们支行来了。卢彬听说后，笑容满面地帮她又是取号，又是倒水，还诚恳地告诉她行里正在搞宣传活动，只要是当天来窗口办理业务的客户，都可以免费抽奖。客户一听，由怒转喜，办完业务后还抽到了二等奖。奖品精致，服务热情，办事效率又高，客户兴奋地握着卢彬的手，激动地连声说“谢谢”。此后，这位客户每次都来找卢彬办理相关业务，彼此建立了一种深厚的感情和信任，客户还把其朋友也介绍给卢彬，短时间内就在支行办理存款达280万元。

服务“三农”始终是长兴联合村镇银行的宗旨，几年前实行的“仟禾福”惠农工程一直受到老百姓的欢迎。卢彬来小浦支行前，业务管理部工作内容之一就是负责对外业务合作，而“仟禾福”正属于银企合作项目。接手这块业务后，他积极了解业务所涉及的各项内容，一边进行对外业务合作联系，一边进行营销方案策划及后续营销跟进。他经常深入基层，与农户结对，给予农户种植技术上帮助的同时，为他们送去资金的帮扶，同时还引导他们使用行里免费赠送的新型肥料，和农技员老师一起手把手地教农户如何使用，深受农户的好评。

在担任农贷客户经理后，卢彬将“仟禾福”惠农落实到实际工作中去。在一次贷款客户回访调查中，卢彬看到一位茶农的信息，了解到对方种的新茶（黄金叶茶，45 亩）的相关情况。于是，他打电话与茶农交流后，还赶往茶场进行察看，发现一些茶树面临枯死。他立即打电话给农业技术专家傅老师，并带着傅老师几次奔赴现场察看分析，不仅给茶农免费赠送“仟禾福”肥料，还亲自告诉茶农使用方法和注意事项等，终于让茶农看到了希望。由于茶农资金紧张，卢彬还给茶农最大的优惠利率贷款 25 万元，让茶农感激不已。2017 年，该茶农的茶叶产量高出往年很多，净收入达二三十万元。

访谈结束，问起卢彬有什么感想时，他说：“我是农民的儿子，我最感欣慰的是坚守基层为老百姓服务。尽管农村的风光比不上大城市，我却无悔青春。”

**【师长点评】**

在这喧哗又物质的年代，扎根基层，情系基层，坚守基层，笃志践行，默默无闻地服务基层，甘愿把最美好的青春年华奉献基层，一般人都很难做到，但年轻的卢彬做到了。这实在是了不起，学校为这样的学子感到自豪。他纯朴忠厚，真诚友好，彬彬有礼，坚守自己的岗位……

卢彬之所以“不羡杭州不羡湖州”，愿意回到长兴，留在小浦，是因为他心中有追求，有客户。他知道自己想要什么，也知道客户需要什么；他心系客户，时时为客户所想，所以赢得了客户的尊重，也赢得了自己的天地。这一切不一定全部得益于他在学校当纪检干部、学生会干部等经历，但肯定是离不开的。杜甫对子遹说：汝果欲学诗，工夫在诗外。说的也就是这个道理。

更重要的是，卢彬不弛于空想，不骛于虚声，唯以求真的态度做实在的工作，他的“三观”已然达到另一种高度，是我们每位学子学习的榜样。

# 问渠哪得清如许，为有源头活水来

**【人生格言】**

我坚信，一切的执着与坚持，都是因为热爱和责任；所有的光环和荣誉，都是因为付出与拼搏。任何的成功并非一朝一夕，有的也许时间相对短些，有的或许要十年、二十年，甚至一辈子……生活中，每个人家境不同，起点有别，天资各异，但这些并不重要，贵在一点点坚持。蜗牛向着目标慢慢努力爬行最终到达目的地，柔软的水滴岁岁复年年创造出水滴石穿的奇迹，外壳坚韧的蚕蛹几经蜕变获得破茧成蛾的新生。

很多事情不是因为看到希望而坚持，而是因为坚持才看到希望。任凭身处何境何地，无论多少困苦磨难，相信太阳每天都是新的。以崭新的自己，怀着热爱的心态，用自己永不熄灭的热情与信念不断向前，远方美丽的风景就会离你越来越近……

——冯君

**【银领故事】**

2018年4月的衢州，春意盎然，桃李芬芳。冯君在众人的热烈掌声和鲜花中笑容可掬地从颁奖人手中毕恭毕敬地接过荣誉证书，作为邮政金融“感动人物”“绿叶奖”的获得者，她再次在闪光灯下吸引足够多的“君粉”。

在衢州市邮政系统，“冯君”这个名字的确响亮，几乎无人不知。谦谦君子，乍听都以为是男孩名字，但认识她的人都知道她是大家眼里文静娴雅、漂亮可爱的“邮政之花”，巾帼不让须眉，实可谓是十八般武艺样样兼备的才女。

自2010年从浙江金融职业学院毕业，冯君自己也无法记清究竟多少次走上领奖台了。年轻有为的她，似乎是上帝特意安排来到人间专门领奖的。翻看她的材料，你想让眼睛不豁亮都不行：浙江省暨全国第三届邮政通信特有职业技能竞赛中获奖，衢州银行业技能赛中获奖，中国邮政储蓄银行浙江省分行技能赛中获奖，衢州邮银服务技能赛中获奖……邮政各种主题摄影作品赛、演讲赛、征文赛中多次获奖，她以自己为原型创作和拍摄的微电影《冯小君的一天》在青年文明号微电影大赛中获银奖影片和最佳女演员奖，同时多次被评为先进个人服务

(质量)明星、优秀通讯员、工会积极分子等。

## 技能:三分靠天赋,七分靠打拼

“也许上天给了我三分天赋,但剩下的七分必须依靠自己的努力。在成长过程中,取得任何一次小小的成功,都与自己付出的心血和打拼是分不开的。”谈起自己的经历,冯君直爽而坦诚。

和众多普通学子一样,冯君并没有显赫的家庭背景。她自小喜欢独处也爱闹腾,更多情况下都是独自写作业、看书、思考问题等。久而久之,让自己形成了安心做事而不受外界打扰的独立与安静的个性,自觉规划时间,安排学习计划,遇到小挫折时,勇敢面对,想办法战胜和克服,这让她日后的人生受益匪浅。

2007 年,冯君进入浙江金融职业学院就读。她读的专业是金融管理与实务,这个专业相对而言是学校较好较有优势的专业,但是对技能的要求之高让很多同学头痛不已。冯君说:“老师一直强调技能的重要性,我暗暗下决心要练好技能。”在点钞、打字、翻打传票等技能中,冯君最擅长的是翻打传票。“这个多少可能有点天赋,因在接触这项技能后的第一堂课测试时,自己就轻而易举拿到了全班第一。”

然而,点钞相对是冯君较为薄弱的一项技能。大一技能考试时,她想多点一把,而偏偏最后一把点错了,结果还错失了第一年的奖学金,这让她郁闷至极。

后来,她痛定思痛,决心要把点钞练好。于是,冯君一边虚心向技能老师请教,一边进行强化苦练。每天下课后回到寝室,她所做的第一件事就是练习点钞,并给自己设定测试要求,每次点钞测试 10 分钟,每天必须五次清点无差错,才算完成当天的任务……经过不断练习,她的点钞水平很快就得到了一个质的提升和突破。可她并没有就此沾沾自喜,别的同学还在原地踏步时,她决定挑战更高级来证明自己的实力,接着便报考了学校的技能鉴定。但这个难度非常大,整个过程中,冯君遇到不少困难,可她从来不是一个轻言放弃的人,她咬紧牙关,持之以恒地努力再努力,结果顺利通过,综合技能水平得到大大的提升。直到后来进入订单班,她的技能综合成绩一直保持在班级前列,深受老师、同学的赞扬。

“进入订单班后,我看到那一捆捆用旧的腰条、按坏的键盘和翻破的传票,真的说不出是什么滋味。想到自己的努力和付出能有所回报,更多的是喜悦和欣慰。”在邮政订单班期间,冯君由于前期扎实的功底和基础,学起来相对轻松不少。但具体操作中还是存在一定区别,原来翻打传票变成类似的加打凭条,电脑小键盘改成了计算器的20串数字,如果输错一个小数点,就意味着全盘皆输。因而,她扬长避短,通过转换输入工具,在提高速度的同时又把提升正确率作为重点,让自己很快进入角色。

此外,冯君抓住一切可利用的业余时间,在毕业之际先后取得反假货币资格证、银行从业资格证、外汇从业资格证及会计从业资格证书等,让老师、同学佩服不已。

## 职场:只要有信心,就不会挫败

“从学校出来刚步入社会,是人生的一个重要阶段,是另一段新旅程的开始。刚参加工作时我遇到不少给自己很大帮助的‘引路人’,也正是那些充满正能量、积极向上、吃苦耐劳又努力奋斗的前辈和师父给了我良好影响,才让我在工作中遇到任何困难都满怀信心。”冯君说,工作以来,她分别在杜泽邮政支局、荷花邮政储蓄所从事储汇营业员以及通讯员,之后进入荷一路营业所担任网点负责人,后转岗至金融业务部。每个岗位的变动,对于她而言都是不同角色的转化。每次面临眼前的挑战和压力,再苦再累她从来都是以积极的态度去对待。在她看来,只要有信心,就不会挫败。

从事储汇营业员岗位时,冯君和别的员工不一样,她除了负责日常工作外,还要负责网点的信息报道。尽管工作量大,又烦琐,为了写好报道有时还要进行材料搜集、整理、采访等,可她有条不紊,把工作和报道做得有声有色。她出色的能力和水平让领导、同事刮目相看。工作不到两年,冯君被领导委以重任,担任荷一路支局网点负责人。

不可否认,冯君在技能、专业上早已非常“独到老练”了,但小小年纪的她成为网点负责人,有来自外界的质疑,也有自己的迷茫:能否胜任这个职位?怎样管理和带领好团队?她没有其他的选择和退路,唯有“信心”二字。冯君深知,虽然与那些年长的前辈相比,有着十多年甚至二十多年的工作经验差距,但只要自己怀有信心,用心去做,定能做好。她放低姿态,虚心向年长、有经验的同事请教学习。她加班加点,一边做好对外的客户工作,一边进行网点的管理、上级指令的执行、各部门关系的协调及与领导的沟通汇报;同时,员工的生活、家庭问题等样样亲力亲为,很快得到大家的认可,成为人人眼里的“大家长”“顶梁柱。”

为进一步拓展网点业务，冯君白天跑企业、访客户，回来后及时做好信息归档，与员工一起商讨工作方案。待晚上回到住处，再累再苦也仍旧伏案研究和分析每项业务指标数据，修改调整方案，思考网点发展方向。“我喜欢研究和探索新事物。这对业务拓展是个很好的优势。”冯君说。当时适值微信风靡，她带领团队大胆尝试微信营销，创建网点微信公众号，借助网络力量扩大影响，不断加大宣传力度，取得很好的效果，成为全省首个创建微信公众号的网点，开创全省邮政微营销的先河。省公司领导调研时，专门在她所负责的网点召开座谈会，并给予高度评价。

随后，冯君调往金融业务部负责业务管理。这一岗位的变动，对她的管理、专业提出了更高的要求，不再仅是管好、抓好一个小网点那么简单，而得放眼全市。这个担子让她深感责任重大，她适时地给自己设定了新标准，向省级管理员、同级管理员请教等，很快融入新环境，短短时间内便完成了角色的华丽转变。

冯君的工作得到领导的认可，接着又逐渐转向方案策划、宣传等方面。她将自身特长与工作相结合，把相关工作、活动、会议通过微平台、易企秀等 H5 场景表现，配上诗意的文字，呈现出更直观、更生动的效果……工作的创新和高效，能力和才华的施展，让冯君有更大的成长和进步空间。

## 永不满足：想获得成功，必须更强大

“很多东西别人只能看到结果，或者是外表，那些你咬着牙流着泪经历的过程，只有你自己知道有多痛多苦多难熬。但也就是经历了这个过程，坚持精益求精，技能才会有更大提升。面对这个多变的环境，你得与环境一起与时俱进。曾经有位前辈跟我说，你没办法改变这个世界的时候，你就必须融入这个世界。”冯君说，在这个经济高速发展的时代，要想获得更大成功，必须让自己不断地强大。

工作八年来，虽然冯君在技能上已经非常熟练了，但她一直没有放松过。有一段时间，单位有定期的考证和评级，后陆续参加了全市、全省的技能比赛。她总是想，既然自己是浙江金融职业学院毕业的，就让大家好好认识学校的技能实力，更不能给学校丢脸，无论如何，只能超越于人，不能落后于人。因此，她白天上班，晚上回到房间里苦练技能。然而一天仅 24 小时，工作上要加班加点，怎么办？她只能牺牲更多的睡眠时间。用她自己的话说，那种练习到深夜甚至凌晨才入睡的状态至少持续了四年。“家离单位其实也仅半个多小时的车程，但我基本上两个月才回家一次,因为时间实在太宝贵了。”冰冻三尺,非一日之寒,正是因她长期这样孜孜不倦地苦练和学习,所以她的技能水平叫响整个衢州地区。

“我是幸运的,因为自己的付出和努力能够有所回报。因自己在技能比赛中多次获奖,原本需要根据工作年限一级一级考试的技师职业资格证书,我破格获得优先考证资格并顺利通过。”冯君说。工作后,除原先在校考取的那些资格证外,她陆续考取了证券从业资格证、保险从业资格证和银行从业资格证。

冯君已经手握七本职业资格证书。然而,考取如此多证又谈何容易?况且参加工作后没有像在学校有那么多时间准备考证,也没有老师讲解或分析疑难问题,所有的考试、考证、专业能力的提升,都得靠自己。“很多人都说我明明有这么多资本了,还这样拼命,纯粹是自找苦吃。”冯君说,记得在考证券从业资格证书时,由于当时在乡镇邮政网点工作,每天早上六点就得出门,坐大巴车去网点,晚上因常常要向师傅请教提升业务而加班晚归。待忙完回到住处经常九十点了。“那时最大的感触就是,一刻也没得休息,上洗手间,吃饭,走路都是用小跑。用‘打仗’来形容一点都不过分。”时间少得可怜,冯君只能强忍苦撑,她用“年轻就是资本”来鼓励和安慰自己。考虑到自己的工作是与钱打交道,万一稍稍分神出了差错自己赔钱不说,还要麻烦领导、同事去找客户。为了不影响工作,又完成自己的学习进度,冯君根据具体情况不断反复调整工作与学习计划。付出换来的是回报,她出色的工作和证书考取,得到双赢。

对于下一步工作,冯君说:“我相信机会总是留给有准备的人的。一个人要想强大,需要不断地向前进取。我更相信打动人的永远是‘真心’二字,我将会继续用自己的行动把‘客户至上’的理念内化于心、外化于行,和大家一起共谱邮政新篇章。”

**【师长点评】**

现在斜杠青年是一个流行概念,指的是一群不再满足“专一职业”的生活方式,而选择拥有多重职业和身份的多元生活的人。这些人在自我介绍中会用斜杠来区分,例如,张三,记者/演员/摄影师,“斜杠”便成了他们的代名词。

手拿七本职业资格证(反假货币资格证、外汇从业资格证、会计从业资格证书、证券从业资格证、保险从业资格证以及两本不同科类的银行从业资格证),但冯君不一定是银领学院毕业生中资格证书最多的人。就目前来说,冯君也不是完整意义上的斜杠青年。但是七本资格证背后的艰辛与汗水,只有冯君自己知道。七本资格证带给冯君的蜕变，也是大家有目共睹的。冯君这种日复一日的“愚公精神”正是她取得成功的源泉。

有道是技多不压身。拥有一项技艺对任何一个人来说都是欢乐的，而身怀多种技能和本领，更是好上加好。任何一项本领，一门炉火纯青的技能，都不是一蹴而就的，需要付出无数努力与汗水。滴水穿石，岂非一日之功？“问渠哪得清如许，为有源头活水来。”

# 第四章　银领风采之“彬彬有礼”

每周90分钟金融服务礼仪课堂教学、每周两天礼仪早训、每学期一次职业礼仪大赛是银领学院礼仪教育的经典活动。正是在从不间断的礼仪教学、早训及日常礼仪行为规范中，银领学院的学生们识礼、知礼、懂礼、明礼、守礼，并在职业生涯中坚持“礼行于心”，以“彬彬有礼”的品质走上职业巅峰。

# 微笑是最好的语言

**【人生格言】**

雨果说，有一种东西，比我们的面貌更像我们，那便是我们的表情；还有另外一种东西，比表情更像我们，那便是我们的微笑。生活是一面镜子，你对它笑，它就对你笑；你对它哭，它也对你哭。我们是哭着来到这个世界的，为什么不笑着生活呢？

——汤玉丹

**【银领故事】**

有句歌词唱道：“你有一双温柔的眼睛，你有善解人意的心灵。”用这句话来形容汤玉丹很是贴切。她眼神中那特有的亲和力和释放出的善意，一下就缩短了与客户间的距离。

2010 年，汤玉丹从浙江金融职业学院毕业，顺利进入中国农业银行兰溪支行工作，成为一名综合柜员。八年多来，汤玉丹凭借勤奋踏实和过硬的业务能力，获得了众多的荣誉：2010—2012 年连续三年被评为中国农业银行兰溪支行工会积极分子，2011—2014 年连续四年被评为中国农业银行兰溪支行先进工作者，2012 年在兰溪财贸工会组织的兰溪市收银员技能比武中获得三等奖并被授予“技术能手”称号，同年还获得金华市农业银行第十七届业务技术比赛多指多张点钞第二名……特别值得一提的是，2017 年 5 月，汤玉丹荣获了农行系统中的最高荣誉奖——中国农业银行五一劳动奖章。

当问起汤玉丹如何看待这些年所获得的荣誉和奖章时，平时说话轻声细语的她说道：“荣誉，是对我过去的肯定，既是前进的动力，也是一种压力。我必须更加努力，不然就配不上这些荣誉。”从汤玉丹朴实无华的言语中，能看到一颗积极进取的心——想尽一切办法把工作做好，尽心尽力为客户服务。

## 潮起潮落　奋发有为

记得当年高考结束后，汤玉丹正在为选择上什么大学为难时，遇到回母校探望、还在浙江金融职业学院读书的学长，从他们口中，汤玉丹了解到了浙江金融职业学院的专业特征和就业前景，特别是学校和银行共同打造的“订单班”，更让汤玉丹心向往之。身为家中长女，汤玉丹希望毕业后能尽快找到一份踏实稳定的工作，而金融行业是比较热门的行业，工作也稳定，想到这些，汤玉丹毫不犹豫地选择了这个学校。

2010 年，从浙江金融职业学院银领学院农行订单班毕业后的汤玉丹进入中国农业银行兰溪支行工作，成为一名综合柜员。在领导和同事的帮助下，汤玉丹以最快的速度掌握了柜面上的各种业务。她知道，为客户提供优质服务必须要掌握过硬的金融专业知识与实际操作能力，即使在业余时间也不忘研究如何提高工作效率。功夫不负有心人，在进入农行工作的第一年，汤玉丹就在兰溪支行的季度技能考试中取得点钞第一名的好成绩，并代表兰溪支行参加了金华市农行第十六届业务技术比武，在多指多张比赛中，取得第五名的好成绩。同年，汤玉丹被评为农行兰溪支行工会积极分子。这对于还是新人的汤玉丹来说，是个了不起的成就。面对领导的表扬、同事的赞美，汤玉丹心里甜滋滋的，她暗自下定决心：一定要用自己的方式书写精彩人生。由于表现出色，汤玉丹还破格参加了 2013 年第一批派遣工转直签的转正考试，并以优异的成绩顺利通过。

为了提高和考量银行员工的基本功，中国农业银行每年都要举办技能比赛。2014 年的技能比赛跟往常一样，在高手们的“摩拳擦掌”中开始了，汤玉丹也加入比赛中。汤玉丹登上擂台，面对一摞摞练功券却有点紧张，注意力怎么也集中不起来：这次比赛的要求非常严格，赛场上每位选手只有两次机会。汤玉丹因为紧张，两次都点错了。面对这样的结果，汤玉丹很难过，觉得是自己拖了整个团队的后腿。她认真总结和分析了自己在技能、心理上的不足，制订了一整套训练计划，并付诸行动。从此，每当夜深人静的时候，透过灯火通明的农行窗口，一定会看到一个瘦小的身影正在埋头练习各种技能。这个拼劲十足的姑娘就是汤玉丹。

“三日不学习，就会被淘汰。”汤玉丹经常用这句话来激励自己。除了练技能，汤玉丹还把业余时间的点点滴滴用来学习，通过自学考试取得了大学本科文凭，不久还陆续拿到了会计师证和保险上岗证。通过技能上的加强训练和文化知识的不断积累，汤玉丹渐渐从比赛失败的阴影中走出来，并以崭新的姿态迎接新的挑战。2016 年 9 月，汤玉丹获得金华市农业银行第十九届业务技术比赛单指单张第三名、多指多张第三名；同年 10 月，汤玉丹获得 2016 年度金华市分行“十佳员工”称号；还是这一年，汤玉丹荣获浙江省农行先进个人荣誉称号。这些荣誉的获得,是对汤玉丹辛勤付出的充分肯定。

## 细微之处见真章

“细微之处见真章,平凡之处现品格。”作为一名临柜人员,汤玉丹深感自己肩负的责任深重。随着我国金融业的不断发展,金融市场的竞争趋于白热化,而服务质量和服务水平则是各大银行在角逐中胜出的法宝。

汤玉丹工作在银行基层,没有什么惊天动地的事迹,也没有什么豪言壮语,但却有一颗真诚为客户服务的心。无论是大客户还是小客户,汤玉丹都一样用心对待。她始终认为自己用心对待别人,别人也会同样用心对待自己。她把每一位客户当成自己的朋友,记住他们的年龄、兴趣爱好。每当节假日或客户生日,汤玉丹都会通过QQ、微信向对方送上真诚的祝福;对于一些有爱好收藏的客户,汤玉丹会提早为他们预订银行即将发行的纪念币;当客户遇到困难时,她会帮助他们解决问题。这些细心周到的服务,让客户感觉到了银行的温暖。

柜台是展示农行形象的窗口,是顾客与银行之间的桥梁,汤玉丹用自己的真诚与热情架起了这座桥梁。根据每一位客户的不同心理和需求,汤玉丹给客户提供优质的、个性化的服务。客户对银行产品的需求多种多样,每当这个时候,汤玉丹总是以敏锐的感知力及时捕捉到一些信息。如果客户有投资方面的需求,汤玉丹会综合考虑客户的年龄及经济状况,为客户推荐合适的理财产品并及时递上宣传折页,耐心听取客户的意见,解答他们心中所有的疑问。

有一次,一个客户购买好理财产品后,笑着对汤玉丹说:“我平时做生意忙,经常忘这忘那的,到期了记得提醒我一声。”因为购买的金额较小,顾客只是随口一说,并未期待什么。汤玉丹听后,却实实在在记到心里去了:无论顾客购买的金额是大是小,都是客户来之不易的财富,不能因为客户的一个疏忽让他们的财富停止增值。于是,汤玉丹主动加了这位客户的微信,每当这位客户购买的产品快要到期时,汤玉丹都会用微信提醒他。对于汤玉丹的细心和周到,这位客户心存感激,后来就成了汤玉丹的固定客户。

汤玉丹对客户的每次咨询都能耐心解答,即便是难得的休息日,也同样以饱满的热情真诚为客户服务。细微之处见真情,能把每一件业务处理好,必定能赢得客户的信任,汤玉丹觉得客户的信任比什么都重要。汤玉丹就是这样,用自己的细心和真诚服务好每一位客户。

## 微笑是最好的语言

俗话说:“吃着五谷杂粮,总有喜怒哀乐。”每个人都有遇到逆境的时候,汤玉丹也不例外,但无论工作压力多大,工作有多累,面对客户她始终保持善解人意的微笑。

一次,在为一个客户办理业务时,汤玉丹发现对方填写好的单子上有涂改的痕迹。按照银行的规章制度,业务单涂改无效,属于废单。汤玉丹要求客户重写,没想到客户非但不配合还出言不逊。汤玉丹好言相劝,客户却破口大骂,而且越骂越难听。“善待别人就是善待自己。”汤玉丹面对这样的境况,始终用包容和理解的态度对待客户,并耐心地跟他讲银行规定,分析利弊。面对汤玉丹和风细雨般的言语和真诚的微笑,客户的大嗓门终于收敛了,也意识到了自己的鲁莽与草率,最后在汤玉丹的指导下认认真真重新填写了单子。

汤玉丹每天要面对众多的客户,每个客户的性格脾气都不一样,而面对这么复杂的客户群,微笑是最好的语言。每天只要一进入工作状态,汤玉丹的脸上就会展现出职业人自信的微笑,传递着友好的信息,以此拉近与客户间的距离。即使遇到再难以容忍的委屈,汤玉丹也始终没有忘记微笑服务,真诚待人。她说:“用泪水铸成的品牌,更加深入人心。”

记得有一次,一位客户取钱后没有点钞就急匆匆离开了。没过多久,客户一脸焦虑地回到窗口,说是少了1000元。按照规定,钱款应当面点清,离柜后银行概不负责。但汤玉丹依旧本着“急客户所急”的原则,为客户核对账目。经过核查,没有发现多余的钱款。然而客户一口咬定,这1000元肯定是银行少给了,无论怎么解释也听不进去,并且情绪越来越激动,一些难听的话也劈头盖脸地“砸向”汤玉丹。面对这样的无端指责,年轻的汤玉丹委屈得泪水在眼眶里打转,但脸上依然保持着微笑。她用温柔的语调把客户请到大厅一角,耐心地向他解释,并向他保证,银行一定会给他一个交代。面对汤玉丹的微笑,客户终于安静下来。通过调看监控,没有发现任何可疑的地方,但客户依然心存疑虑。汤玉丹帮助他回忆离开银行后的一些细节,客户终于想起了离开银行后曾经给一个朋友送过货款,因为当时喝了点酒,把这个细节给忘了,只是一味把责任推给银行,想想都有些难为情。误会终于解除了,面对客户的一声“谢谢”,汤玉丹忘了所有的委屈,投之以包容的微笑。汤玉丹始终如一的温和态度,也深深感动了这位客户，此后凡有业务，他都来找汤玉丹办理。

汤玉丹在银行柜台上执着地追寻自己的梦想，在平凡的岗位上七年如一日，严格要求自己，不断提升自己，用真诚的态度、细心的服务为客户办理各类业务，撒播着真诚和微笑。

**【师长点评】**

著名思想家、文学家、哲学家胡适曾写过一首小诗《一笑》：“十几年前/一个人对我笑了一笑/我当时不懂得什么/只觉得他笑得很好/那个人后来不知怎样了/只是他那一笑还在/我不但忘不了他/还觉得他越久越可爱……”

微笑是最好的语言。微笑是一种积极的生活态度，只有心里有阳光的人，才能面带微笑。微笑是一种高贵脱俗的修养，是温馨，是爱，一个懂得爱的人，一定不会是平庸的；微笑是一种人生智慧，懂得微笑就懂得了与人交往和沟通；微笑是最大的财富，微笑无须成本，却创造出许多价值。

汤玉丹是一名脚踏实地的耕耘者，用她自己的话说：“我热爱这份工作，再苦再累也还是愿意扎根基层，实现自己的人生价值。”在工作中，汤玉丹用一名党员的表率和担当诠释着作为柜员的责任和使命；面对客户，汤玉丹用自己的微笑和真诚打动他们，化解了很多客户的刁难和投诉，赢得了客户的信赖、领导的表扬、同事的赞誉。

汤玉丹用笑容作支点，以能力为杠杆，以她的专业、耐心、细致，成为客户和同事眼中的业务能手和岗位标兵，也为她赢得了诸多的荣誉，撑起了人生，赢得了成功。

# 心之所向，素履所往

**【人生格言】**

凡心之所向，素履所往，生如逆旅，一苇以航；不忘初心，砥砺前行，人应有梦，梦要够疯，敢于不平凡，让优秀成为习惯。

——赵炯

**【银领故事】**

在杭州银行营业部，有这样一个员工——每天在上千平方米的营业大厅里穿梭，始终面带微笑、精力充沛，以强烈的使命感和高度的责任感，诠释着一名基层金融工作者的信念和追求，为前来办理业务的客户忙前忙后，贴心服务。大家都亲切地称他为“小赵”，他就是 2017 年度中国银行业文明规范服务“明星大堂经理‘魅力之星’”——赵炯。

2011 年，赵炯从浙江金融职业学院毕业后便加入杭州银行营业部工作，七年来，他以真诚之心对待每一位客户，真真正正做到急客户所急，想客户所想，以专业的业务能力和热情的服务态度获得一致好评；他敢于担当，把责任扛在肩上，把任务落到实处，把服务做到最好；他坚持学习，不断提升专业技能，全面提升自己，并以优异的职业素养助推整个团队的发展……凭着自己一点一滴的努力，赵炯从一个稚嫩的大学生逐渐蜕变成为一个优秀的大堂经理。

从仰望星空开始，由脚踏实地实现。赵炯在事业上的一路奋斗，都带着一颗赤子之心，以真诚与专业对待工作，用坚持不懈的追求去征服属于自己的那片星空。

## 以诚待人，深得客户信赖

十年前，赵炯还是浙江金融职业学院金融系的一名学生，从踏进校门起，他就是班长，从协助老师处理新生报到事宜，到和老师一起联系校友，他都得心应手。大二结束的时候，赵炯进入银领学院杭州银行订单班学习。说到为什么会选择杭州银行，赵炯说：“其实原因很简单，杭州银行是一家土生土长的银行，而我作为地地道道的杭州人多多少少会觉得更加亲切，加上杭州银行当时的宣讲给我留下了深刻的印象，给出了明确清晰的职业上升通道，让我自己能够形成一个比较清晰的个人发展路线。”

在进入杭州银行订单班学习后，赵炯一头“扎”进了专业技能的训练之中，每天练习点钞、打字等基本技能。他深知过硬的技能是日后走上工作岗位的核心竞争力。此外，赵炯充分利用学校搭建的平台，担任了金融系学生会副主席，帮助老师分担各类工作，如宣传、联系校友、组织活动……也正是这些经历让赵炯大大提高了人际关系的处理能力，为他日后的职业发展打下了一定的基础。

走上工作岗位后，赵炯发现大堂经理作为银行服务的第一道岗，承担了维护大堂秩序、进行日常巡检、发掘推荐客户等多项工作内容。面对这个岗位，赵炯不是被动等待，而是积极主动出击；不是冷漠应付，而是满怀热忱。赵炯不仅是银行的工作人员，更是客户的“贴心人”。在客户遇到困难时，他能积极提供帮助；当客户感到疑惑时，他耐心予以解释。赵炯不仅能做到急客户之所急，想客户之所想，而且处事机智，还能及时处理好一些突发事件，让每一位客户真真切切地感受到他的热情、微笑和专业。

2013年7月，一位客户在银行办理业务后不慎将皮夹遗失在大堂，里面装有1300元现金以及超市卡券合计5000多元，还有多张银行卡。赵炯发现后第一时间查看了客户在银行预留的信息并联系到客户，返还皮夹。在多年的工作中，这样的“小插曲”赵炯碰到过很多次，但是每次他都以最大的善意和真诚妥善处理，让客户感受到最优质的服务与帮助。

优质的服务是吸引客户、留住客户的一个有效手段，作为一名大堂经理，除了满足客户的“显性需求”外，还要“先人一步”，满足客户的“潜在需求”，从而提高银行基层零售网点的营销量。如今受互联网金融及银行自主渠道分流的影响，到网点办理业务的客户逐渐减少，因此大堂经理作为银行的第一道岗，就显得至关重要，“大厅制胜”也成了提高银行基层零售网点经营能力的一大法宝。而其灵魂就在于客户服务与营销的有机结合，以客户需求为导向，让客户感觉到你在为他提供方便，实现以服务带动营销。“记得有一天，我在值班时看到一位50岁左右的女士在大堂左顾右盼，看上去像是在找什么。”赵炯说。出于职业本能，他主动上前询问，得知这位女士有一笔资金即将到期，正愁找不到好的理财产品，所以想来这里看看有没有安全性较好的金融投资产品。在了解了基本情况之后，赵炯向该女士详细介绍了银行的各类理财产品及其风险和收益等，还引荐了银行私人理财经理帮助她理财。赵炯如“及时雨”般地帮助和服务深深地打动了该女士，此后，她就认准了赵炯所在的网点，至今她在杭州银行的金融资产已达到1500余万元。

## 以诚助人，赢得客户赞誉

“尽管年纪不大，但入得了大堂，做得好服务，拿得到大奖！”这就是同事对赵炯的评价，也是赵炯真实的工作写照。每天，他穿梭于上千平方米的大厅，在自己平凡的岗位上，为银行的金融事业默默奉献着，勤恳工作着，为银行的广大客户提供真情服务与无私关爱。他始终认为，追求优质服务无止境，银行服务工作没有最好，只有更好。

一天，营业部大厅里像往常一样井然有序地营业着，突然营业厅门口人影幢幢、声音嘈杂，“有人摔倒了”……听到人群中有人在叫喊，赵炯闻声挤进了人群中，看到一个大伯躺在地上，额头正在流血。看到这番场景，赵炯立即回到营业厅从便民服务柜中拿出了纱布和绷带，给大伯进行了简单的伤口包扎处理，并询问：“大伯，您现在除了伤口，还有哪里痛，还能动吗？”但大伯此时面色越加苍白，无力说话，精神状态越来越差，赵炯决定马上采取进一步措施。赵炯联系了营业主管和安全保卫干事，一起将老人送往最近的浙江大学第一附属医院救治，并帮助大伯挂号、拍片做各项检查。赵炯在医院陪同大伯半个多小时后，大伯的子女赶到了医院。“我爸太幸运了，遇到了这么好的银行工作人员。”大伯的儿子庞先生一见到赵炯和其他两位银行工作人员就激动地说道，并称赞他们的助人为乐精神是向社会传递了正能量，他们是敢于担当的道德模范。

一周后，庞大伯带着子女将一面锦旗送到了赵炯所在的营业部，向营业部全体员工尤其是赵炯表示谢意。“这对于你们来说可能是一件小事，或许以前也碰到过，却让我感到十分温暖，谢谢你们。”庞大伯动情地说道。

身行渐远，关爱常在。这不仅是杭州银行服务客户的宗旨，更是赵炯作为一名“杭银人”铭记心头的原则。正如他所说的那样：“杭州银行是一家土生土长的金融机构，其发展和壮大离不开全社会的支持和帮助，作为‘杭银人’，要把金融服务和便民措施有效结合，让‘杭银文化’温暖社会。”

## 以诚为本，厚积而薄发

古人云：“博观而约取，厚积而薄发。”在工作和生活的每一个领域，要想取得成功,就必须重视脚下的每一步,扎扎实实做好积累与总结。

赵炯深知想要成为一名优秀的大堂经理,不仅要熟悉银行的各项业务,更需要具备一定的专业技能。“工作了之后,业余学习的时间真的很少,所以一有时间学习,我一定百分百投入进去,争取把时间和精力花到实处。”一分耕耘,一分收获,在坚持不懈地努力下,赵炯考取了AFP个人理财师、证券从业等多项专业技能证书,全方位提升了自身的综合素养。

除了有过硬的专业技能,赵炯更善于对日常工作进行总结,以规制有序的方式进行总结提炼,切实指导工作实践,有效提升职业素养,真正做到“爱岗敬业,服务尽心”这八个字。他所在的营业部地处杭州市中心,每天来办理业务的客户中老年人居多,且客户量大,从而加大了柜面的工作压力。“我们营业部平均每天叫号量有500个,服务人数为800余人次。”为了解决这些问题,赵炯积极分析,妥善给出处理方法:“这个问题关键要求我们做好分流工作,把拿存折凭密码存取业务的老龄客户带到自助设备机器前补登存折,帮助客户查账并且自助取款,这样可以有效减轻柜面的压力,缩短客户的等待时间。”除此之外,在厅堂服务上,赵炯还归纳创立了“十个一点”的服务品牌,即仪表美一点、微笑多一点、嘴巴甜一点、语气柔一点、耐心足一点、工作细一点、抱怨少一点、度量大一点、效率高一点、服务实一点。因为杭州银行承接了杭州市80%的退休金发放业务,所以高龄客户特别多,但赵炯每天总是不厌其烦,一遍又一遍耐心地向老人解答疑问,以“真心、热心、细心、耐心、贴心”五心服务赢得了客户的信任。“任务的完成并不代表着工作流程的结束,有效的工作管理还应注重工作经验的总结,总结才是工作流程的最后一步。”赵炯这样说道。

在工作上,赵炯不仅能以一颗真诚之心切实服务好每一位客户,赢得客户的满意与信赖,而且他对待同事也同样坦诚相待,做到共同进步,他说:“一个人的进步是领先,一群人的进步才叫进步。”在多年的工作积累与沉淀之下,赵炯总结归纳了适合网点大堂管理的工作办法,并牵头设计《杭州银行营业部大堂服务人员作业流程》用于网点管理服务工作。这些工作方法为网点服务客户提供了标准化的流程,并且规范了员工上班时的服务行为,明确了工作职责,发扬了互助精神,提升了服务质量以及营销效率,受到了网点员工们的一致认可。此外,为了提高杭州银行营业部大堂的服务品质,赵炯还组织团队成员一起学习《杭州银行营业网点服务标准规范手册》和《中国银行营业网点文明规范服务考核标准》等。通过学习标准行为规范,团队成员的工作精神风貌及服务水平都得到了长足的进步。一路走来，凭着对工作的热忱，对梦想的执着，对服务的追求，赵炯的努力终于开出了花朵，2017年，赵炯被银行业协会评为2017年度中国银行业文明规范服务“明星大堂经理”之“魅力之星”、2017年度浙江省金融业青年服务明星。

**【师长点评】**

《礼记·中庸》有云：“诚则形，形则著，著则明，明则动，动则变，变则化，唯天下至诚为能化。”意思是说“只有天下最真诚的心才能感化人”。

诚心服务是一种爱，是对工作不厌其烦的投入和全身心的付出，用这份爱感染身边的每一个人，才能赢得客户满意的微笑。用赵炯的话说就是“人要敢梦想，敢规划，敢付出，敢挑战，要敢于和自己死磕”。不管什么事情都需要用“诚心”去对待，这样才能赢得客户。

银行大堂经理的言行举止和服务质量就是一家银行形象的缩影，肩负着协调银行和客户之间关系的重任。随着金融行业的市场化，银行服务越来越受到重视，而大堂工作就是客户接触银行优质服务的开端，是客户对银行的第一印象。赵炯在担任杭州银行营业部大堂经理期间，始终以一颗真诚之心对待每位客户，在工作岗位上“眼观六路，耳听八方”，以微笑拉近与客户的距离，把服务融入每个细节中，急客户所急、想客户所想，同时熟悉掌握银行业务的各类知识，实实在在为客户解决问题，用专业的服务赢得客户信任。

诚者，成也。不管在工作上，还是在自身发展上，赵炯始终怀着一颗赤诚之心，执着追求，满腔热忱，不忘初心，坚持梦想，在平凡的岗位上认认真真做好每一件小事，用真心实意服务好每一位客户，在自己的一方天空里绽放着绚丽的光芒。

# 做事认真，做人真诚

**【人生格言】**

《孟子·离娄上》说：“诚者，天之道也；思诚者，人之道也。”我是一个平凡的人，对自己要求不高，唯“做事认真，做人真诚”八个字而已。我所做的事情，每个人都能做到，无非就是从身边最小的事情做起，认真做事，真诚待人。

——廖林锋

**【银领故事】**

有人觉得两年是很短的时间，尤其是对于自己的事业来说，可能还只是在起步阶段。但是偏偏就有人用了两年的时间实现了自己事业上的一大转折：从邮政银行的一名寄包裹人员到理财经理、支行行长助理，从年薪3万元到30万元……这个人就是廖林锋。他是浙江金融职业学院银领学院2014届邮政订单班的毕业生，是中国邮政储蓄银行凯旋路支行的业务骨干——浙江省邮政企业“十佳金融讲师”，更是最年轻的企业内训师。

其实，廖林锋的成功并不是一帆风顺，更不是遥不可及的天方夜谭。他，曾经在邮政银行寄了八个月的包裹，每天做的事情就是收水电费、寄包裹和挂号信……枯燥的工作内容和巨大的生活压力曾让他一度觉得失去了自己的人生价值，但最终他坚持了下来。也正是因为这份对平凡岗位的不离不弃，让廖林锋逐渐完善了自身的业务能力，打下了坚实的客户基础，把握住了来之不易的机遇。

一切的付出都是沉淀，为的是日后的厚积薄发。廖林锋的成功就在于从身边小事出发，慢慢向梦想靠近。

## 另辟蹊径，打造自身优势

对廖林锋来说，与订单班的相遇更像是一场美丽的意外，也让他的人生完全走向了不同的方向。大一的廖林锋，主修的是市场营销专业，对创业有着无限热情。在大一暑假期间，他便小试牛刀，在义乌开了一家移印丝印加工厂，雇了20多人承接各类塑料、玻璃表面的数字图案印刷加工。如果没有后来的不期而遇，今天的廖林锋也许会是一名移印丝印加工厂的老板，但生活的魅力就在于那些你所无法预见的意外。廖林锋读大二时，他们好朋友对订单班选拔招聘十分感兴趣，就拉着他一起去报名。一开始，廖林锋对订单班并不感兴趣，但在父母和好朋友的劝说之下，还是决定参加订单班的选拔考试。

订单班名额有限，并非想进就能进，多少技能尖子生都想进，而廖林锋只是一个“半路出家”的新手，五笔、点钞、传票输入……这些技能都不是他的强项。他想过退缩，但在暑假前的订单班集训时技能老师牟君清却告诉他：“练技能是最简单的事情，只要你铆足了劲练，暑假两个月的时间足够你赶上大家的水平了。”为了不辜负家人的期望，也为了给自己的未来多一种选择，廖林锋用了暑假整整两个月的时间，每天在家苦练技能。他觉得点钞和传票输入可能已经难以赶超其他技能尖子，所以另辟蹊径，强化自己的利息计算能力，打造属于自己的竞争优势。

经过暑假两个月的苦练技能和超强的利息计算能力，廖林锋顺利成为2014届邮政订单班的一员。然而，这只是第一步，在强者如林的订单班里，每个人都是铆足了劲练技能、拼成绩。廖林锋也不例外，但是却一直难以取得令人满意的成绩。他说，每次看到自己的成绩都觉得自己的认真努力似乎都是白费的。难受过、沮丧过、怀疑过……廖林锋想过放弃，当时的订单班班主任吕虹看出了他的心思，对他说：“也许你的技能并不是最出众的，但是你一定是最认真、最务实的，老师相信你可以！”吕虹老师的话给了廖林锋莫大的鼓励，支撑着他在高手如云的订单班里一步步前行。

## 默默坚守，迎来人生转机

2014年2月11日，廖林锋进入中国邮政储蓄银行凯旋路支行实习，跟他同一期参加实习的还有六名女生。第一次参加银行实习的廖林锋有一些激动，暗下决心要多多学习，好好表现。不料，支行人事经理当头泼了他一盆冷水：“柜员人数已经基本饱和，支行现在缺的是寄包裹的人，你是唯一一个男生，就去寄包裹吧！”廖林锋虽心有不甘却也明白实习不应该挑三拣四，心想：实习就是来学习的，在不同的岗位、不同的工作都能学习和积累经验。就这样，这个刚刚走出校门的男孩子就成了邮政储蓄银行凯旋路支行的一名“快递员”。当其他实习生舒舒服服地坐柜台时，他却每天与又脏又重的快递包裹打交道。

实习期的补贴不高，每个月只有1063元，对于每月需要1600元房租的廖林锋来说，每个月都是负增长，每每到交房租时，廖林锋只能向远在安徽的父母“求救”。很快，四个月的实习期结束了，在实习期间任劳任怨的廖林锋顺利与支行签订了正式的劳动合同，但前提是继续“坚守”在寄包裹的岗位上。

“当时每个月工资不到3000元，难以在杭州生存下去，有一段时间，我还去城站火车站的桥底摆过地摊呢！”回忆往昔，廖林锋无奈地笑了笑。生活的重压让当时的廖林锋有些透不过气来，但他依旧选择了坚持。“我不断地告诉自己，我是浙江金融职业学院订单班培养的定向人才，拥有良好的技能，领导不会让我一直寄包裹的，现在的工作不过是为了以后能更好地发展。”廖林锋一直这样告诫自己，每天带着微笑迎接客户，每次看到附近社区的阿姨，也都会打声招呼，问候两句，甚至陪她们聊聊天，拉近距离。阿姨们有什么需求，廖林锋更是二话不说尽心尽力地给予帮助。热心周到的廖林锋让社区的阿姨们都竖起了大拇指，有不少人给他写了表扬信，贴在支行的公告栏里，意见本上也都是表扬廖林锋的话语。

从进入银行工作开始，银行规定5点钟下班，可他从来都是6点钟才离开银行回家，因为在他离开前，会把银行里所有的窗户、插座、水龙头等这些小细节都检查一遍。一开始有人觉得他在作秀，但是廖林锋并不介意，也不想多做解释，对他而言，做这些事情本就不是做给别人看的，只是坚持自己的一种习惯而已。他也从不在背后议论任何一个同事的事情，也不八卦领导之间的关系，只是一心一意做好自己的份内工作。

廖林锋不骄不躁、认真踏实的工作态度，领导都看在眼里、记在心上，终于决定让他“归队”，做了银行柜员。廖林锋的执着坚持、任劳任怨，赢得了客户的支持，也受到了领导的青睐。虽然这段路走得有些辛苦，但却磨砺了谬林锋的意志，使他积累了走向成功的经验。

机会总是留给有准备的人。2015年5月11日，廖林锋参加了市局理财经理的面试。由于出众的业务能力和良好的客户基础，他顺利地通过了面试。

## 真诚待人，转“交易”为“交情”

理财经理靠的是熟练的专业知识和良好的客户资源。成为理财经理的第一个月，廖林锋依靠在寄包裹和当柜员时积累的客户资源，就拿到了18000元的工资，业绩在同行100名理财经理中名列前茅。作为一个毕业才一年多的新人，能取得这么好的业绩,在银行界简直就是一个传奇。他的“传奇”引来不少支行长和理财经理取经学习,有两个月的时间,他在 8 个银行网点与市局来回奔波,与前辈交流,与其他理财经理进行经验分享。

有人问廖林锋:“你毕业才一年多,怎么会有这么好的业绩呢?”廖林锋笑着说:“都是寄包裹寄出来的!”虽是一句玩笑话,却展现了廖林锋的真诚和踏实。2018 年,廖林锋的年收入已超出 30 万元。有很多人惊讶于他的成功,但是廖林锋说:“我的法宝就是和客户成为朋友,让朋友成为老朋友,让老朋友带新朋友,让交易变成交情。不断创造机会,挖掘客户。”

和客户成为朋友,这一点在大多数人看来或许有点困难,但是廖林锋却说这一点也不难,相处时多一点真诚就够了,廖林锋现在的粉丝客户已经超过数百人。“他们就像是我的员工,但更像是我的家人。”他笑着说,“我还加了一个跳广场舞大妈们的微信群,如有好的理财产品,就在群里发一下消息,大妈们或自己买,或介绍身边的朋友买。”廖林锋就是这样一点一滴地积累人脉的。

平时在工作和生活中,不管自己是在吃饭,还是在地铁上都会接到一些陌生的电话,廖林锋都耐心地接听。如果对方要购买理财产品,他都会告诉对方:“明天我上班,您可以到银行来找我办理。”就算第二天是周末,廖林锋也会去单位。单位欠他的休息日加起来已经快有两个月了,但是他说,不用单位给他补休,因为他是自愿加班的。“很多电话都是阿姨们介绍的新客户,他们觉得我靠谱、真诚。”廖林锋说道。

廖林锋的客户群以中老年人为主,对他们而言,真诚为人和踏实的做事风格也许是打动他们最好的“法宝”。廖林锋正是因为深谙此理,所以他选择把房子租在银行附近的小区,一来是为了上班方便,二来则是为了能更接近这些中老年客户,更及时地为他们服务。每次廖林锋在银行看到他们都会打声招呼,甚至坐下陪他们聊聊天,久而久之附近的叔叔阿姨都知道了邮政银行有个叫“小廖”的小伙子,不仅办事靠谱,而且为人真诚热心,偶然还会帮老人修点小东西。他以自己的实际行动打动了这些客户,让他们放心地听从他的建议去购买理财产品,他们的“口口相传”也让廖林锋积累了强大的客户资源。眼看就快到年底了,当其他人还在为自己的理财任务而发苦发愁时,廖林锋已经给自己制定了更高的目标和要求。

“信任的建立,需要真诚的日积月累。”不管是在生活中,还是在工作上,廖林锋总以真诚待人为准则,以每一件小事为起点,不断锻炼自己的意志,提高自己的素质。正因为这样,他打造了坚实的客户基础,收获了傲人的业绩,树立了自己的个人形象。也许前方的路还会有沉寂之时,但是有沉寂才会有爆发,廖林锋也会在银行这条路上越走越远。

**【师长点评】**

“不经历风雨怎么见彩虹,没有人能随随便便成功。”多年的沉淀,留下的是或深或浅的脚印;厚积薄发,呈现的是无与伦比的精彩。廖林锋的成功秘诀就是:沉淀只为日后的厚积薄发。

曾经的廖林锋和现在的大多数在校学生一样,每日埋头苦练技能,却依旧成绩平平,也曾在实习岗位上苦过、累过、痛过……但这一切都没有让廖林锋放弃,他选择了坚持,正如他自己说的那样:“我是一个平凡的人,所做的事情,每个人都能做到,无非就是从身边最小的事情做起,锻炼自己的意志,提高自己的素质。”

可以说廖林锋是所有在校学生的榜样,他用实际行动展现了蕴藏在自己身上的无限能量,他用亲身经历告诉每一个人,能沉下心做事的人才能迎来属于自己事业的春天。也许你的才能一时没有得到赏识,也许你被“大材小用”了,但是金子总会发光,此刻的沉寂是为了日后更好地爆发。

# 微笑是最好的名片

**【人生格言】**

有句俗语说,高不成,低不就。于我而言,任何一件微乎其微的事,我都会充满热情全身心投入其中。世上没有不劳而获,一个人只有不畏首畏尾,不眼高手低,不抱怨牢骚,工作上做到一个萝卜一个坑,一步一个脚印,认真对待,方能有所成就。每个人的天分不同,但相信只要自己尽最大的努力去奋斗,付出的每滴汗水,每份心血,都将助你爬得更高,看得更远,走得更稳……

——林雯俊

**【银领故事】**

去金华银行府上街支行采访林雯俊,刚好在营业厅看到一位穿着职业装的美女工作人员正和一位残疾顾客耐心地说着,仔细一听,原来是顾客在办理业务过程中遇到一些麻烦,美女工作人员始终面带微笑,和风细雨地一遍又一遍解释着,待顾客弄清后,又热情地把对方送出大门并叮嘱他“小心一点,注意安全”。这一幕太暖心了吧!保安说她就是林雯俊经理。

在金华银行府上街支行,年纪轻轻的林雯俊口碑极好:不到三十的她不仅乐于助人,温婉大方,而且吃苦耐劳,精通业务,锐意进取,因此她的事业节节攀升,让同行乃至顾客啧啧称赞。

2011 年,林雯俊从浙江金融职业学院毕业,先后做过金华银行总行营业部现金区综合业务岗、总行营业部非现金区综合业务岗、总行营业部外勤岗、总行营业部营业经理,2016 年至今,一直担任金华银行府上街支行营业经理。短短的七年时间,经过勤奋拼搏,她取得了一系列成绩:多次获得“优秀员工”“党员规范服务岗”,多次在金华银行人民币点钞、单指单张点钞及反假货币技能竞赛中获奖,在金华市及浙江省银行从业人员消费者权益保护知识竞赛中获奖,在金华银行金融机构征信知识竞赛中获奖……

## 独立自强　多才多艺

出生于金华汤溪的林雯俊,由于父母在福建武夷山做生意,她自小便和妹妹去了武夷山。尽管生活在父母身边，但由于父母太忙并没时间照顾姐妹俩。林雯俊便学着做家务，管好自己的同时又照顾着妹妹。这样，林雯俊慢慢学会了独立和自强，在生活和学习上都不用父母操什么心，且小学到中学成绩总是名列前茅，特别是舞蹈方面她颇有天赋，跳得非常棒，成为同学们心中的榜样。

2008年，一次偶然的机会林雯俊进入浙江金融职业学院。因她的成绩不错，老师和父母都想让她报考本科院校，但当她在网上了解到浙江金融职业学院在金融类院校中比较好时，便自作主张在志愿表上填报了这所学校。于是，便与浙江金融职业学院结了缘。

在浙江金融职业学院学习期间，林雯俊担任过副班长、英语课代表等职务，每年都拿奖学金。刚开始时，每天面对那些枯燥乏味的理论知识、技能训练和一串串长长的数字，她有些力不从心。然而，在章叶英等多位老师的鼓励和帮助下，她克服重重困难，认真学习理论知识，苦练技能。每天除了吃饭和睡觉时间，其余的几乎全用在学习上。特别是技能方面，林雯俊说自己是属于那类记忆力及手指灵活性都不太佳的女生，要想自己练出水平，就得“笨鸟先飞”。每当双休日别的同学都休息时，她独自待在电脑室，一边看纸上的数字，一边进行电脑操作，发现什么问题她都逐一记在本子上，练完之后又抽时间慢慢分析研究，将每次练习的结果和成绩反复对照。她牢记老师的话，只有指法完全正确，敲击键盘的力道和谐，频率的稳定性良好等才能提高准确率。经过刻苦努力，林雯俊通过考试顺利进入了百名技能尖子传票班。参加工作后，她在技能大赛中多次获奖，这与其在技能尖子班的那段经历分不开。

“我喜欢忙碌和充实的生活，这样让人感觉快乐。”林雯俊说。紧张的学习之余，她在学校里重拾了昔日的“舞蹈梦”。那时学校要招收一批舞蹈学员进行培养练习，以便代表学校参加校内外各种活动。尽管学习已经让她忙得够呛，但她还是毫不犹豫地报了名。她自小喜欢舞蹈，又上过几年舞蹈班，有相当好的基础。随后，林雯俊在这二十几个学员的团队里表现非常活跃，每天坚持与团队成员一起练习压腿、劈叉、托举等，忙得不亦乐乎，深得舞蹈老师的赏识。林雯俊说，那时她几乎一日三餐都是啃面包度过的，不是在学习或技能的教室里，就是去练习舞蹈的路上。

林雯俊清楚地记得，大二那年，学校要举行一场大型文艺会演，每天下午1点是队里固定的练习时间，可当时正好接近期末考试。为了两头都不耽误，林雯俊自己重新做出计划安排，有条有理地一边进行舞蹈练习，一边迎接期末复习考试。她每天清早到自修室，一直学到下午 1 点，之后再匆匆忙忙赶去练习舞蹈，待舞蹈练习结束后已是 5 点，她饭都来不及去食堂吃，又回到自修室继续学习直到晚上 9 点关门为止……最终在文艺会演和考试中，她都取得了相当好的成绩，特别是出色的文艺会演，更是让人耳目一新，受到领导和师生的高度赞扬。

## 忘我工作，飞速成长

谈起现在的工作，林雯俊说实在是机会女神对她的垂青和眷顾。她说，在学校时，她想进银领学院，想报考中国银行订单班，可因种种原因没能如愿。大三第一学期初，学校突然发出金华银行要来招人的通知。想到自己是金华人，她也想毕业后回到家乡工作，于是便怀着试试看的心态去报名。可没想到，金华银行报名条件要浙江省学籍生源，她从小在外地上学，不符合条件，怎么办？因她在校各方面优秀，技能水平相当过硬，且多才多艺，经校领导与考官商量沟通，最后得以破格报名，优异的面试成绩实现了她进入金华银行订单班的愿望，并在毕业时顺利进入金华银行工作。

初涉职场，面临诸多的不适应，但吃苦又勤奋的林雯俊，忘我地投入到工作中。她说，由于自己较腼腆内向，不太善于沟通交流，但想到自己工作的特殊性，她极力说服并要求自己一定得学会更好更高效地与他人沟通，要对客户的需求做出及时准确的答复。于是，她克服自己的不足，边摸索边总结，并尝试积极主动与客户交流，无论哪个年龄层次的顾客打招呼，她都笑容可掬并亲切地称呼对方，以此与顾客拉近距离，让顾客感到舒服又亲切。久而久之，这种积极的沟通方式给了她十足的信心，也慢慢发展出一批忠实的客户群体。

一天中午，林雯俊趁休息时在大厅写材料。这时，一位八十多岁高龄的老奶奶走进来，见大厅没什么人，自个儿嘴里唠叨着：“人这么少，这家银行肯定不行。”林雯俊发现后，赶紧脸带微笑地走上前，热心地边招呼边扶她在椅子上坐下来，又倒水递给她。老奶奶见眼前小姑娘这么好，喜出望外，说她就住在附近，想把存在别的银行的钱转存到离家近的银行，可那些银行太远，她行动不便。林雯俊听后，二话不说，亲自开车带着她辗转几趟，最终帮她把分散存在别的银行的近百万元钱取出存入金华银行，这让老奶奶高兴不已，事后还认她为孙女儿，一度传为行里的佳话。

在行里，林雯俊总是最早一个到单位，又是最后一个离开单位的。在非现金区岗位，涉及的业务非常复杂，如质押业务、税务签约、对公业务签约、法院查冻扣相关业务，等等，常常让她顾不上吃饭，她边学习边总结，把不同业务的重点要点及步骤全部记在本子上，并整理成册，为新的员工提供了一套系统的资料。

由于林雯俊服务态度好、办事效率高、业务技能精，她在各方面的工作能力逐一凸显，让领导大为赏识，并将其作为重点培养对象。短短时间，她先后完成了4个岗位的轮回学习。由于轮岗频繁，每到一个新岗位，一切都是从零开始，新手上线许多业务不熟悉，办理业务需要的时间更长，遇到客户不满时，她内心不免产生些小情绪。她说，服务客户，说难不难，说简单也不简单，但不管如何，可以用三字概括：同理心。只要自己学会换位思考，不仅会把事情办得更好，亦会促使自己更加努力往专业的高效方向前进。也正因为这样，林雯俊飞速成长，工作上能很快进入角色，独当一面。

## 开拓进取，理财达人

走上管理岗位，对林雯俊而言是工作上一个质的突破。她说，要想发展，要想不被淘汰，必须时刻审时度势，与时俱进，而仅仅做好自己还远远不够，得带领大家一起努力，让整个单位健康有序地发展。每个人是独立的个体，有自己的思想，有不同的行事风格和习惯，如何在个体差异间进行平衡？她边学习边探索，不断调整思维，变换工作方式，想办法建造良好的发展渠道并引导团队更好完成任务。在引导的过程中，既兼顾团体整体情况，又及时解决存在的问题，以便更好更快达到目标。

林雯俊说，在银行系统竞争相当激烈的情况下，各大小银行除了传统的相关业务，还在不断开发各类新项目和理财新产品。最初来到府上街支行时，由于原理财经理岗位调整，支行理财业务一度停滞不前，为了支行的发展，繁重的工作之余，林雯俊主动承担起理财经理的职责，主动联系支行理财老客户，重新建立联系，提供风险评估、资产状况分析等服务，为客户量身定制理财投资计划，得到客户一致认可。

在这个仅有7个人的团队中，除了信贷人员外，仅有林雯俊一人持有理财资格证书，可开展理财相关业务。因此，她主动承担起这份责任，既要管理内部，又要进行外部拓展以及客户的维护。目前金华金融市场上大大小小的银行发行的理财产品种类繁多，预期收益率也都不相上下，客户选择购买哪家银行的理财，有时取决于对理财人员个人的信赖程度。

访谈中，林雯俊说，一天，有位五十多岁的阿姨到支行咨询相关理财业务，她把相关情况一一向对方介绍后，当时对方并没有买，也没说什么便走了。但她想，不管对方买与不买都是客户。于是，工作再忙，她总是短信问候，有什么新的信息或好的理财产品及时发给对方看，对方不了解的或者想知道的，她给予耐心解释和回答，时间一长，对方被她的真诚所打动，两人便成了无所不谈的好朋友，没多久，对方便把放在别的银行的理财产品 500 多万元分两次转到她这里，并把身边想买理财产品的朋友也介绍给林雯俊。

在团队的共同努力下，如今支行理财业务得到快速发展。仅 2018 年 1 月至 5 月，不到半年时间，支行理财金额达 8800 万元，其中林雯俊一人完成理财营销 3000 余万元。经过她的努力，如今支行理财业务得到快速发展，她成为领导及同事眼里的理财“达人”。

对于今后的工作，林雯俊说，在电子化、智能化的当下，银行业改革早已在悄然进行中。从市场上的无人超市至首家无人银行网点的开业，可以预见将来银行的物理网点将大幅减少，单纯操作性人员未来将有可能面临失业的风险。因而，时刻保持紧迫感，提升自身专业化技能至关重要。同时，作为目前支行唯一的理财师，她深感社会大众的理财需求之高，潜力非常巨大，发展后劲十足。她希望自己在接下去的时间里立足本职工作，继而向专业化理财师方向迈进。

长风破浪会有时，直挂云帆济沧海。我们有理由相信，林雯俊朝着自己的人生目标乘长风，破万里浪，在未来将会取得更大的辉煌。

**【师长点评】**

银领学院一直非常重视学生的礼仪教育。在《银领学院学生礼仪规范手册》中一段有关微笑训练的话：

“至真至诚的微笑，付诸我们的行动便成了可触可摸的服务，也是我们金融人每一天最具体最实在的工作。服务从微笑开始！学会时刻保持微笑，微笑是人类最美好的表情，是全世界最通行的语言！微笑也是世界通用的‘货币’，因为它被全世界人类所接受。”

确实，会笑的人，运气一般不会太差。

林雯俊的成功，离不开她的拼搏与奋斗——她都是在别人玩乐时，一步步艰辛地往前攀爬向上冲；也离不开她的微笑——无论哪个年龄层次的顾客打招呼，她都笑容可掬并适当带上亲切的称呼，以此与顾客拉近距离，让顾客感到舒服又亲切。

在人生的道路上，也许阻止你前行的，不是那悬崖峭壁，不是那滔滔洪流，而是你态度的正确与否，目标明确与否，毅力坚强与否，有没有每天都对自己对他人露出八颗牙齿灿烂地笑一笑。

林雯俊学子的事迹告诉我们：努力拼搏，笑对人生，人生中没有任何可以限制你迈进的藩篱。

# 莞尔一笑，拿捏有度

**【人生格言】**

精致的容颜可以让人显得尊贵和儒雅，真诚的微笑让人看出品味与素养。面带微笑的女生运气不会太差，与其成天板着脸，不如时刻笑着说，这样更招人喜爱。一个人用笑去帮助别人，用笑去做事情，每天的心情都是愉悦的。

——林秀

**【银领故事】**

林秀自2011年从浙江金融职业学院银领学院毕业进入农行工作至今，从柜员到大堂经理、副主管，再到农行杭州黄龙支行运营主管，一步一个脚印，严谨求实，勤奋刻苦，兢兢业业，乐于奉献，在平凡的岗位上做着不平凡的事。用行内人的话说，她就是农行资深的“内当家”。

翻开林秀的履历，里面记载了她一堆的荣誉：2017年荣获年度省分行共产党员岗位标兵称号，2015年获省分行BoEing四期工程推广先进个人奖，2014年、2012年荣获保俶支行先进工作者，2011年获杭州市农行第十届业务技术比武团体第六名……

## 手脚勤快，一丝不苟

林秀，人如其名，她属于典型的江南女子，秀气靓丽，文静纤柔，白皙的脸上长着一双大大的眼睛。她说起话来，笑容可掬，温柔可人，又带点腼腆与害羞。不认识她的人还以为是一位在校大学生，或者刚走出校门的毕业生。然而，她却在农行系统工作七年了，而且已小有名气。

说起自己的人生经历，林秀颇有感慨。2008年，她顺利进入浙江金融职业学院金融系就读，而后又顺利进入银领学院农行订单班学习。她说，在学校里，她的学习成绩和专业技能都并不拔尖，但她非常能吃苦耐劳，手脚又勤快。担任团支书的她，处处以身作则，带领同学积极参加各类社团活动，尽心尽力，因此深得老师和同学们的喜欢，还多次获得奖学金。

提起母校，林秀有些激动，用她的话说，能有今天，归根于母校及母校的老师。她说自己很幸运，来自农村的她，经济条件并不宽裕，但在学校却遇到了不少的良师益友。特别是班主任应烟山以及和其同办公室的吴小燕老师，无论在学习上还是生活上都给予她无微不至的关怀。当了解到她的家庭情况后，他们还托自己的朋友向她资助学费。当她遇到困难产生消极情绪时，应老师总是找她谈心，不断鼓励她。当然，林秀也很懂事，懂得感恩，也非常能吃苦。学习之余，她是老师的得力助手，帮着老师整理各类资料、贴考场名次、开发票、装订书籍，等等，深得老师的信赖和赏识。当各银行系统订单班来学校招人时，她最初报了浦发银行和杭州银行，在浦发银行未录取而又在等杭州银行通知的情况下，为了保险起见，老师又建议她报了农业银行，并且还带她去面试，向主考官介绍她的相关情况。就这样，她最终顺利进入农行订单班。毕业时，作为农行订单班的学生，她顺理成章进入农行工作。

像许多刚踏进职场的学生一样，林秀刚进入银行时对前途也十分迷茫，领导安排她做什么，她就做什么。不过，她对任何一项工作都非常投入和认真，又加上她手脚勤快、笑容甜美，能吃苦耐劳，深得领导认可，也很受客户青睐。后来，领导安排她做对公业务，每天进行着琐碎的工作——电汇、开销户、变更，等等。虽然烦琐，她却一丝不苟。无论多忙，她总能保持一份最真挚的笑容面对客户。投之以桃，报之以李。许多客户给她带来很多存款，虽然她没有这方面的硬性指标，但她内心无比高兴，也享受着工作带来的乐趣。渐渐的，她发现自己越做越得心应手，越做越喜欢这种在别人看来十分琐碎的事。

生活总是不会辜负每个努力的人的。林秀所做的一切，领导放在心里，同事看在眼里。机遇来了，2014年7月，工作才三年的她，便被领导提拔为营业中心运营副主管。“事实上，从这个时候开始，我已经开始为自己将来的职业精准定位了——我非常清楚自己适合做运营。”林秀说。运营看上去简单，但非常琐碎，久而久之会让人产生厌烦心理，但林秀一天到晚乐呵呵地工作着亦忙乎着。“微笑，是服务最佳的态度，也是取得胜利的最好办法。”林秀微笑着强调。

## 担责“当家”，恪尽职守

问起林秀年纪轻轻何以担当起如此重任并撑起一片天空时，林秀说，运营主管这个工作，在外人看来似乎很风光，但其实很普通，就是一个“大杂烩”。很多人都知道，这种“大杂烩”的工作非常平凡，十分琐碎，但要想做好确实不那么容易。然而林秀却不厌其烦,而且做得井井有条,让领导满意的同时,亦深受同事和客户的好评。

2016年至今,林秀分别在农行杭州枫华支行和黄龙支行担任运营主管,这于她而言,既是机会,也是挑战。在枫华支行担任主管时,林秀说自己得到了很好的锻炼。刚进去时压力很大,可由于行里的同事在营业中心时因业务往来彼此都很熟悉,各个员工的名字和所做的工作内容也较了解,尽管大家年纪比她大,工作年限比她长,可她认真负责,又精通业务,与员工相处十分融洽,因此,工作起来十分顺利。每当员工遇到什么困难,她总是第一时间给他们解决,业务上给他们指点,生活上遇到不顺心就找他们谈话,给予安慰。而当自己工作上遇到一些棘手的问题时,她从来没有把坏情绪表露在外,而是一点一点记录下来,待到下班后进一步揣摩、分析、查资料,实在弄不懂的,便向她以前资深的师傅请教,直到弄明白、弄清楚为止。也正是因为如此,她深受员工认可,大家非常佩服她。

2018年元月中旬,林秀到农行杭州黄龙支行就任。虽然之前已有相当长时间的运营主管经历,但相对于之前工作过的单位,她还是倍感压力。

面对新单位新环境,如何挑起这副担子?林秀从头至尾了解并理清内部情况后,她认为,要想管好这个“家”,得从源头开始把好关,提高支行内部管理,把风险控制到最小化或零。林秀首先从思想上进行疏导和防范,她放低姿态,把员工当朋友,主动找他们进行谈心,了解各自的心理状况、家庭以及工作情况,并召开会议加强对员工的思想教育,加强员工的安全防范意识、制度执行意识。遇到一些在工作上有情绪的员工,她就三番五次耐心找对方谈话,动之以情,晓之以理,从而让对方明白利与弊,使之积极投入到工作中。

此外,林秀还经常组织员工学习相关办法、规定等,给他们讲解工作中可能会遇到的一些要点重点,一起相互交流,既让员工熟练掌握了要领,又相互促进。通过学习教育以及正面典型的宣传、反面典型的剖析,员工思想认识得以提高,也进一步认识到按章操作既是银行内部制度的要求,也是每个员工依法保护自己的内在需要,懂得了控制风险、规范操作的重要性。

“我这个人最大的特点,就是做在前,说在后。”林秀说。正因为如此,她处处带头以身作则,要求员工做到的,自己首先做到。无论是作息时间,还是其他方面,她严格要求自己,该如何就如何,从来不会因为自己是主管而有所放松或懈怠。林秀住的地方离单位比较远,为了让自己最早一个到单位,她每天6点就起床,而下班她又是最后一个离开单位的。

林秀说,榜样很重要,只有自己做到,才会有感染力。不仅如此,她还花大力气从凭证、银企对账、代客办理业务等环节入手细抓落实,规范业务流程管理,防范操作风险,防止违规现象和经济案件的发生。

## 拿捏有度,乐业奉献

有度方有为。林秀说,要想管好一个单位,把团队力量拧成一股绳十分重要。正因为如此,她与员工齐心协力,团结一致,和他们一起进步的同时,又与他们一起快乐地成长。看到有的员工在业务技能方面很欠缺,她看在眼里,急在心里,但从来不批评或指责,而是想着如何帮助他们。她深知,如果不提高业务技能水平,万一发生差错或事故等就会带来诸多麻烦。工作之余,她对员工进行业务辅导,对个别业务操作不太熟练或接受新知识较慢的员工,她总是耐心地给予辅导和帮助,直到对方掌握并熟悉为止。

每当员工遇到什么事情,林秀总是设身处地为员工着想。2018 年 5 月份,一位员工因家里有事出国,向单位请假。这位员工的工作是对公业务,一旦请假,行里就没有人顶替这个位置了。林秀知道这位员工的签证时间迫在眉睫,不妥善解决,既影响工作,又影响员工出国。怎么办?她一下子找不到适合顶替这个岗位的人,于是千方百计说服另一位柜台员工暂时顶替这个位置。这位员工不熟悉对公业务,林秀就手把手一一教她。在林秀耐心的指导下,这位员工很快熟悉了业务,在质量和速度上均让客户满意。事后,大家对这位年轻的主管更是刮目相看。

此外,林秀还十分关心员工的学习、生活情况,经常与员工交心、谈心,帮助解决员工遇到的实际困难,了解员工的思想动态,营造内部和谐的氛围,发现一些苗头性、倾向性的问题和现象,总是耐心教育和引导,并及时向相关领导汇报,以便尽早化解矛盾,消除隐患。一次,一位员工因生病请假,林秀上门去看她,这位员工担心请假时间久了会影响工作,十分不安。林秀再三叮嘱她身体重要,要她先把病治好,并答应给她多延长一些时间的假。员工很受感动,在她的安慰下得以安心治病。

由于工作忙碌,林秀很少有时间休息,有时甚至连饭都顾不上吃。员工们担心她长期这样下去会忙出病来,经常劝她要多注意休息,但她总是说:“放心,我年纪轻，多做点事没问题。”有时看到员工忙不过来，她还主动去帮助他们。作为行里的“内当家”，林秀还要接待一些客户，处理各类问题。林秀总是面带微笑，起身让座，递上一杯茶水，认真地倾听，然后一一妥善解决……很多当事人与林秀沟通交流后，都很佩服她的为人。他们带着问题来，总是十分满意地离去。

有一次，柜台员工在办理业务时发现一位姓娄的客户信息有误，客户说这是几年前遗留下来没有解决的问题，使他多年来无法正常办理相关业务。林秀知道后，一边安慰客户，一边从头至尾梳理问题，发现问题的确非常复杂，但她并没有放弃，千方百计想办法，最终帮客户解决了疑难问题。客户为她这种奉献精神所感动，事后还给她送去了一面“排忧解难”的锦旗。

“看似平平淡淡的岗位，但要真正做到让领导放心、让同事舒心还真是要付出一份努力的。”林秀说。她不仅是一位优秀出色的“内当家”，更是行长的好助理，同事们的好帮手。俗话说，平凡中显可贵，细微中见精神。林秀带着可人的微笑，用自己的实际行动在平凡的岗位上默默地奉献着。

**【师长点评】**

笑容可掬、恪尽职守、助人为乐、甘于奉献、彬彬有礼等标签贴在林秀身上一点也不为过。

林秀尽管在学院不是最优秀的，但她懂得如何发挥自己的长处。不到八年时间，她依靠甜美的笑容、肯吃苦耐劳的精神和精湛的业务，做到了运营主管的位置。

主管、主管，主要工作就是管理。管理，已不能简单依靠真诚的微笑，需要以身作则率先垂范，更需要方圆有度的制度约束。

如何管？学子林秀给我们做了很好的示范：一、在业务上要当行家里手。工作要思路清晰，会抓工作；率先垂范，“喊破嗓子不如做出样子”，要求别人做到的，自己首先要做到，每天第一个来，最后一个走；二、在品德上要具备大家风范。多谈心、多通气、多协调，真诚相待，言行一致，表里如一；三、在人际关系上要当催化剂。人都是感情动物，制度面前既要做到人人平等，又要拿捏有度。在新时代下，具备这些“素养”是职场上取胜的法宝。

在个人礼仪训练中，我们要求每一个人能“文质彬彬，然后君子”“谦谦君子，卑以自牧。”但是，在管理岗位，如遇到“小人”，该怎么办？希望同学们能从林秀的事例中，感悟更多的东西。但无论什么情况下，请别忘了“莞尔一笑”。

# 第五章　银领风采之“慧心独具”

“物随心转，境由心生。”对于银领学院的学生而言，“积极心理课堂”是学院的特色课，更是成长、成才、成事的必修课。也正是因为有了良好的心态，有了健康的心理，有了端正的态度，银领学院的毕业生才能拥有如火如荼的事业，才能在平凡的岗位上创造不平凡的奇迹。

# 态度决定高度

**【人生格言】**

每个人都有目标，每个人都怀揣理想。那么，如何实现自己的目标，如何达到理想的彼岸？在我看来，任何情况下，一个人心态很重要！思想决定思路，思路决定出路，而心态决定好坏。所以，心怀积极乐观的人生态度十分重要。一个人如果不能适时适地积极应对环境并且调整自己心态，做情绪的主人，那永远都不可能达到目标。

——王良峥

**【银领故事】**

站在眼前的王良峥，尽管才31岁，却已是银行系统的一员“老将”了。这位“老将”真正是“少年老成”：2017年9月，王良峥通过银监会宁波分局的银行高管资格考试，经分行任命为兴业银行宁波开明支行行长，成为宁波分行成立16年来第一个由零售序列管理干部转型调任综合性支行行长的“年少派”。

年纪不大的王良峥，自2009年毕业进入招商银行宁波分行工作以来，无论在哪个岗位上，他都怀着一种积极乐观的心态兢兢业业，脚踏实地。他从综合柜面操作、会计业务、低柜理财经理、贵宾客户经理等一线业务岗位做起，各个方面取得让人刮目相看的优异成绩：个人先后被评为招商银行宁波分行年度优秀员工、江东支行优秀员工、兴业银行宁波分行年度优秀员工、总行零售业务内训师等，其所在银行2012年、2013年、2014年机构综合业务排名分别为第1名、第3名、第2名，2015年成为兴业银行系统最年轻的零售副总裁（中层），2016年度其所在银行实现净运营收入3.62亿元、个人日均综合金融资产达到175亿元。

## 改变心态 战胜失败

与王良峥交谈，你无法不被他所感染，说什么，问什么，他都给人开朗而又充满阳光的灿烂笑容，你从他身上看到的是满满的正能量。访谈当天，他刚和一帮朋友爬完山。因为之前有过电话联系，见到我们，他也顾不上劳累，笑着对我们说：“我今天得以最好的心态配合你们完成采访工作。”“这就是你一贯的良好心态?”我问。他说,对,良好的心态如一抹阳光,照到哪里亮到哪里,照到哪里,哪里就焕发出生机与活力。果不其然,这个80后行长那成熟不失稳重的外表给人一种积极向上,乐观豁达,对生活、工作都充满无限热情和热爱之感。

说起来,王良峥的人生经历一直还算顺利。在学校学习期间,任学院团总支副书记,获各类奖学金和十佳团学骨干等荣誉。但他虽然学习上较为优秀,性格却非常内向,容易被情绪所左右,遇到困难亦不免会产生消极心理。采访中,王良峥说,其实现在能有如此好的心态,得益于学生时代创业的一次“失意”。“那次失意是我的老师硬是努力把我从沮丧中拉出来的。”他笑了笑,也正是老师给予他鼓励,耐心疏导,及时帮助他调整心态,使得他自此彻底改变了自己,并在接下去的人生里顺风顺水地进入了银行系统。

王良峥在学校里,是属于那种典型的主动大胆想点子的人。说是点子,其实就是创业。那时,他所在的信息技术系并没有技能这一块,当别人正在忙于技能强化训练的时候,他们信息技术系的人却较“清闲”。这个时候,一向就有自己想法的王良峥坐不住了,他便找来几个男生商量该做点什么。做什么?他们看到电子商务这一块还是空白,于是想做些与计算机有关的事情,往互联网开发方向发展。这个点子,既与他们的专业息息相关,又很好地让他们找到了实践的途径。于是,几个人风风火火地开始了创业。开始时,还很顺利,毕竟他们掌握着技术这柄利剑,只要有创意和创新的智慧头脑,自然不用担心什么,他们从最初的网站设计到产品研发,都收获不少。尝到甜头的他,一门心思全在“创业”两字上了。当他们招商银行订单班的大多数同学都在为进银行工作而开始做准备的时候,他却一头埋在自己的创业王国里,没想过要进银行。

可后来他所做的一个项目彻底失败了。好不容易做出的成绩毁于一旦,团队只能宣告解散。这个现实犹如晴天霹雳,让他深受打击,他如一只陷入险境的小鸟,一下子迷失了方向,整天浑浑噩噩打不起精神,情绪低落到极点。就在这时,他的班主任龙芳老师找他谈话,鼓励他勇敢地面对现实。他把老师的话在心里一一咀嚼后,学着慢慢改变自己的心态。看到王良峥情绪一天天好起来,龙芳老师高兴不已,接着与他一起分析创业和就业形势,帮他分析接下去路怎么走,走什么路,如何走好路,等等。

当时招商银行宁波分行正在学校组建订单班,龙芳老师鼓励他去面试。但王良峥十分犹豫,他还在纠结自己到底适合就业还是创业。在这种情况下,龙芳老师又耐心开导他说,做人就应该懂得顺应和取舍,遇到任何情况,不管结果如何，都要以积极乐观的心态从容地面对。接着，龙芳老师对他良好的综合素质给予充分肯定以增强他的自信。在龙老师的帮助下，王良峥重新审视自己，并深深地悟出，不管什么环境，心态是真正重要的。就这样，王良峥过五关斩六将，顺利地通过招商银行的面试，成了一名幸运者。

## 天下无难事　重在“反省”二字

有一句话说得好，当我们用积极的心态投入到工作中时，我们就开始并接近成功了。这句话用在王良峥身上，一点也不为过。像很多人一样，能够顺利进入银行，王良峥自然是兴奋而激动的。面对新的环境，他充满着雄心壮志和无比热情。但与他同时进入银行工作的有70多人，有本科生，也有研究生，他一个高职生，能和本科生、研究生相比吗？况且，即便是基层岗位，亦有高中低柜之分，待遇水平完全不在一个档次。相形见绌，他有种说不出来的滋味。

然而，王良峥明白，要想做好一件事，要想做成一件事，就必须用积极的心态投入到工作中，努力克服那些在困难或失败面前的消极心理，摒弃萎靡不振的情绪，脚踏实地去做。于是，他埋头苦干，加班加点，努力做好自己分内工作；领导所交代的事情，他总是第一时间完成。同时，他努力学习各类营销方法，不断地扩充自己的知识面。也正是由于他表现出色，深受领导赏识，在接下来的调岗中，他直接就做了理财经理。

此后，王良峥把业务学习和技能等始终放在第一位。只要是银行开展的业务，他都率先学习，掌握制度和相关要求。作为贵宾客户经理，他维护着3亿元资产和300个百万千万身家的贵宾客户。也许是因自己生活、社会、专业能力等经验或经历还较单薄，开始时他不知道如何与贵宾客户更好地交流，这使他深感压力和不安。夜深人静，他经常独自反省和思考。后来，他花大把时间恶补财富管理方面的专业知识，同时加强对客户生活上的关心，为客户制定特色化的增值服务，很快贵宾客户被王良峥的真诚所感动。

两年后，也就是2011年。一个偶然的机会，王良峥加入了兴业银行宁波分行，任支行零售负责人并筹建灵桥支行，分管零售业务并组建零售业务团队。万事开头难，要挑起这个重任，对工作才两年的王良峥来说不是那么容易的，但他并没有灰心，而是以饱满的热情全身心地投入到工作中。为了适应客户形势的新变化，他带领队伍审时度势，不断探索挖掘服务客户的新形式、新手段、新办法。无论哪类客户,他都与他们心交心,在把握大原则的前提下,处处站在客户的角度着想,给客户带来更多的惊喜。很快,他的工作不仅得到客户的认可和信任,也受到同行的高度肯定。

## 没有欠好的人 只有欠好的心态

时间一晃进入2015年。这年,王良峥事业上迎来一个质的飞跃与突破。他被任命为兴业银行宁波分行零售事业部负责人,成为兴业银行总行系统内最年轻的零售副总裁(中层),分管宁波13家一级支行及18家社区银行的零售条线的业务推动与管理工作。

一个才28岁的小伙子进入中层担任零售副总裁,面临着新一轮的压力,该怎么办?他深知在人生的道路上,态度决定成败,无论情况好坏,没有欠好的人,只有欠好的心态。因此,他在第一时间调整工作思路,以产品精准营销、渠道拓展、品牌建设等为重点,引进优秀人才,梳理存量业务结构,重新修订考核办法和各序列人员岗位职责,在短时间内便打开了工作局面。在对待那些资格老、年纪比他大的部下,他放下架子,处处尊重他们的想法,与他们交流工作方案,虚心听取他们的意见,之后,便请总裁定夺最终方案,既当好了一个副手的参谋工作,又处理好了与下属的关系,使整个团队气氛变得十分融洽。

与此同时,王良峥对零售业务一直没有放松,不仅如此,为了在财富管理、信用卡等板块做出特色,他根据实际情况制订出合理的激励方案,还依据市场制订符合潮流的营销方案,由于客户中很大一部分已经从60后、70后演变成80后、90后,他便从传统的线下营销思维转变到线上来。面对线下发卡的不足,他带领团队制订营销方案,找点子、想办法,大力推进网上发卡业务,鼓励全行300多个零售业务条线的员工全国各地寻找移动互联网平台建立合作,先后与“51信用卡”“挖财网”“好贷网”“海科融通”等近20家平台和公司开展线上合作,2016年发卡量在总行排名全国第二,仅次于北京分行。

此外,王良峥通过同业引进优秀人才、负债业务结构调整、异业联盟平台建设、互联网平台合作等创新工作方式,给行内原来安稳的工作环境有效地增加了鲇鱼效应。特别是异业联盟方面,他与宁波地区旅游业、教育业、养老业、体育业等最优秀的机构进行战略联盟及携手拓展新客户。随着移动手机端的客户活跃度越来越大,他还成立了线上业务室专门拓展移动互联网平台,利用优秀的线上平台的大数据流量精准捕捉新客户,解放了大量的人力,节约了大量的时间和成本。在2016、2017年度考评中,他的团队分别列入兴业银行总行零售条线第2名、第3名。

2017年,王良峥再一次被委以重任,担任兴业银行宁波开明支行行长。虽然刚上任时单位存在着业务竞赛指标落后、整体费用负数、零售业务考评倒数第二、团队士气低落等现象,但他一鼓作气,带队上门走访慰问员工和家属,听取大家的意见,摸清人员和业务情况,快速推出日常业务竞赛、营销联动制度,还成立了支行党支部,开展多种企业文化和团队建设活动,有效提高了员工工作积极性。同时调整工作重心,有效协调资源,明确规模和收入指标方向,以基金托管和破产重组账户托管为突破口,顺利引入3700万元法定存款,获得了上级领导和同事们的好评。

无疑,王良峥是成功的。在外人看来,这个才31岁的行长在行业内如此成功,以为他靠着关系或捷径。但父母都是农民的王良峥,能有什么关系?王良峥说,在人生的路上根本没有什么捷径,人生态度才是最重要的。正因为如此,在他的成长记录上,那一本本证书,一份份荣耀,一份份喜悦,见证和述说着他的酸甜苦辣以及他对工作的那份热情与热爱。

**【师长点评】**

成功学有一个公式:成功=心态×能力。

一个人的能力有高有低,绝对不可能是“0”分;心态有正有负,消极心态为负分,积极心态为正分。消极心态越大,能力越大,距离成功也越远。一个人只要有积极的心态,就一定能收获成功。

因此,要想收获成功,我们就要学会心态管理,就要让自己的积极心态成为自己的主导,让自己的消极心态通过一个个不损害他人的方式疏通掉,或者通过不断“修身律己”使其变小或转负为正。

正如俗话说的一样:积极的人像太阳,走到哪里都会亮;消极的人像月亮,初一十五不一样。工作中,谁都会遇到困难、遇到挫折。积极热情的工作态度,遇到困难及时调整心态,是王良峥赢得客户、赢得市场并使事业蒸蒸日上的一剂良药。

在成功的道路上,诚如王良峥所说,没有捷径,人生态度决定和影响一个目标、一件事情的实现。学院一直以来在重视培养学生技能的同时,也非常注重学生综合素质的发展,强调要立业做事,先要端正态度做人。显然,在这方面,王良峥学子用自己的行动很好地阐释了这一精髓。

# 成熟的心态，铸就不凡的人生

**【人生格言】**

慢就是快。

慢让我们的心态平和如水，让我们豁达做人，踏实做事，从容思考，淡然生活，从而能够看清过去，抓住当前，谋划未来。慢因其尊重规律，准备充分，反而会加快速度；因其不急于求成，而使得我们内心坚定，洒脱自然。

——王谦

**【银领故事】**

在信达期货有限公司（以下简称“信达期货”）总部正式见到王谦，已经比原定时间迟了近十分钟，他见到我们之后表达了诚挚的歉意。乍一看，王谦穿着笔挺的正装，个头不到1.8米，戴着一副黑色眼镜，给人一种斯文且成熟的感觉。出于好奇，我们随口问了他迟到的缘由。原来，他去跟一个客户处理产品的手续问题，由于产品和监管存在一定的时间差，客户需要补齐后续的相关材料，他从昨天到今天一直忙于处理这件事，才姗姗来迟。一个小小的插曲，展现了王谦的涵养，刚处理完工作中糟心的事，他就能马上调整心态，以一种极为淡定的语气与我们对话，更佐证了他给人“成熟”的第一印象。

身为“80后”的王谦，不知不觉已在期货行业摸爬滚打了六个年头，成为一个资历丰富的“期货人”。从曾经无数次“吃闭门羹”的一线业务员，到如今的信达期货有限公司营销中心总经理助理，这一路走来，个中曲折只有他自己最清楚，而他的秘诀就是骨子里那种坦然处之、临危不乱的成熟心态。

## 稳重，迈对人生第一步

生于1988年的王谦，祖籍山东，从小学到初中一直在家乡附近上学，没怎么出过远门。在家人和老师心里，他虽然性格较为被动，学习成绩也一般，但是个稳重懂事的孩子。2009年，王谦跟众多满怀希望的考生一样踏入高考考场，但收获的成绩不尽如人意，按照当年山东省的分数线，好的大学与他无缘。对他来说，这次高考算是败下阵来了。但这个刚刚经历了不算成功的人生大考的小伙子，却有着异于常人的沉稳心态：与其去一个三本学校就读不喜欢的专业，倒不如挑一所有自己感兴趣的专业的高职学校。王谦自小受家人的影响，耳濡目染，对证券和期货表现出浓厚的兴趣，“金融梦”不知不觉在他心中萌芽。从那个时候开始，期货专业和证券专业成了他最理想的选择。

当时，王谦查遍了山东省各专科学校，还有黑龙江、湖南等省外的金融类专科学校，但是查了一圈下来，发现这些学校只设有金融专业，并没有他中意的期货专业与证券专业，心中不免有些沮丧。对他来说，金融行业并非都是他喜欢的，他只是钟情于证券与期货而已。在将那本人手一册的《高等学校志愿填报指南》翻了又翻之后，一个学校的名字映入他的眼帘：浙江金融职业学院。他立马打电话到学校招生办，了解专业情况。招生办老师向他介绍，学校以前设有证券专业与期货专业，现在该专业已经合并到投资与理财专业，但证券课和期货课还都在教，只是多了一块理财规划的学习内容。招生办老师还告诉王谦，学校与金融机构合作开办的银领学院以“订单班”的形式定向培养优秀的金融人才，从“订单班”毕业的学生基本上能进入订单单位工作。了解完之后，王谦心中已有了选择。

在学校与专业的选择上，王谦展现出了与年龄不相符的成熟。他冷静地分析了自己的兴趣和各个学校的专业情况，做出了取舍，稳稳地迈出了人生第一步。在填报专业时，他在志愿书上没有填写“服从专业调剂”，只选择了投资与理财专业。看得出来，对于自己内心极度渴望的东西，他目标非常明确。

## 历练，母校引领成长

进入浙江金融职业学院之后，老师就为王谦未来的大学生涯做好了初步规划。今后要想在职场里有所作为，就必须强化自己的专业技能。进银行的专业技能是点钞、五笔、传票，那投资与理财专业的技能是什么呢？是基本面分析、技术分析、证券期货实战技巧等。所以王谦选择加入实践投资协会加深对证券期货市场的了解，积极参加学校组织的各种股票大赛、期货大赛、理财大赛锤炼实战技巧。在王谦看来，获得什么样的名次并不重要，最重要的是借此机会以赛会友，发现不足，好在今后的学习中加以完善。正是这种泰然处之的心态，让他每次都能斩获佳绩。

班主任潘静波老师告诉他：“如果毕业后求职面试想拥有一定的优势，就得多考证书，最好争取拿到奖学金。”王谦谨记潘老师教诲，大一常常泡在图书馆。天道酬勤，他不但学习和综合成绩名列前茅，证券从业资格的五门考试和期货从业资格的两门考试也都高分通过，后来还获得了校一等奖学金，得到了校优秀学生干部、三好学生、省优秀毕业生的称号。

到了大二，王谦遇到了专业课老师也是后来的“订单班”班主任黄海沧。黄老师对他说：“大二作为提升综合素养的关键时期，是决定未来职业生涯成败的黄金时间。”他再次采纳了老师的建议。在大二期间，他除了担任班干部，负责处理同学间的一些生活与学习琐事之外，还担任系学生会组织部副部长、实践投资协会会长等职务。在这一年时间里，他由大一时期的一名参赛者、学习者，成长为股票、期货等专业大赛和其他学生会活动的幕后组织者、老师的好帮手，并向大一的学弟、学妹们传经送宝，为他们讲证券期货类课程、教他们股票期货操作等，也间接锻炼了自己的组织、沟通和演讲能力。

“大学最后悔的事情就是玩的太少了。”王谦笑着说。无数的大学时光是在策划活动方案，是在准备演讲稿，是泡在图书馆……虽然明知道这些是为将来做准备，但大学那么美好的时光，又有幸遇到那么些性情相投的人，他不由得感慨大学时光的稍纵即逝。“如果时间能倒流就好了。”他挠挠头又补了一句。风华正茂的青春，是如此的令人怀念，但时间无法倒流，能在大学学到知识与技能，并得到老师的谆谆教诲，也就心满意足了。显然，王谦对大学生活留有遗憾，却又是那么淡然洒脱。

“我能进入浙江金融职业学院，似乎是命中注定的缘分，幸运的是，每当我寻求进一步突破的时候，总有老师出现在我面前，主动为我牵线铺路，他们都是我生命中的贵人。”提到在学校的生活，王谦的感激之情溢于言表。到了大二第二学期，王谦得知银领学院将与信达期货有限公司首次合作，成立信达期货首届“订单班”，这吸引了不少同学参与报名。他心想：如果能进入“订单班”，是实现自己“金融梦”千载难逢的一个好机会，必须抓住。有了两年大学生活的沉淀与积累，王谦显得胸有成竹，他毫不犹豫地报名参加“订单班”的面试。结果很圆满，他不仅如愿进入了梦寐以求的信达期货订单班，而且担任了班长一职。进入“订单班”后，就可以把全部精力都用在为适应企业而需要培养的能力上去了，省去了事到临头找工作，工作了再慢慢适应企业的时间成本，这就是银领学院订单班人才培养模式的最大优势。

王谦深知，进入“订单班”就意味着自己已经是个准职业人了，作为首批信达期货订单班的学员，自然要脚踏实地做好每一件事，为银领学院添砖加瓦。身为班长，王谦不但需要做好自己，还要带动其他同学一起努力。他鼓励班上的同学尽可能多地考取与期货相关的资格证书，为走上工作岗位做准备；经常组织班级活动，促进同学之间的感情；还鼓励大家多参加信达期货开展的各项活动，提前融入信达的大家庭中去。

“截至目前，信达期货订单班已开设了 6 期，其中很多人已经成为各部门的骨干。”王谦谈到信达期货订单班时自豪地说。

## 坚持，拨开云雾见月明

大三寒假刚过，第一期订单班同学就已经开始到信达期货实习。在为期一个月的系统培训后，真正的考验就开始了。杭州城北钢材市场、运河钢材市场、萧山工业区……他们的足迹几乎遍布杭城，温州、台州、宁波、上海等周边城市也不乏他们的身影。王谦明白，业务初期其实就是跑市场，被客户以各种理由拒绝是常态，在无数次的拒绝中才会有成长，所以保持一个良好的心态就显得非常重要了。

“进入信达的头几个月，我们订单班的同学都出去开拓市场，不少同学受不了被无数次的拒绝，或离开或转岗，被人家用鞋子砸出来也是常事，好在我对别人的冷嘲热讽不会特别放在心上。”通常来说，在期货行业，付出和回报不一定能呈正比，何况是刚入行，也许需要长达一两年的蛰伏期才会出成绩。就在有些人知难而退时，王谦选择了坚持。“如果达不到考核要求，信达把我淘汰，我就去其他期货公司接着干。”他如是说。刚进信达期货的头三个月，王谦几乎是“零业绩”，而跟他同一批进来的同学已经相继谈下了一些业务，半年之后甚至有一些同学的业绩已突破百万大关，而此时的王谦仍然没有摆脱“零业绩”的尴尬，仍在反复被拒绝中挣扎。眼看着同学们一个个开户签单，他的压力陡增，但他没有气馁和退缩，而是坚信自己总有“拨开云雾见月明”的一天，依然日复一日地坚持做事。而且他不仅自己坚持，还鼓励其他业绩差的同学继续坚持下去，这种坚韧的心态令伙伴们钦佩不已。

成功往往就在于多坚持一点点，工作半年以后他终于开发了自己的第一个客户。“万事开头难”，既然这“开头难”已经攻克，接下来就没有更难的了，随后他在期货市场如鱼得水。王谦的这份成熟与担当，公司领导一直看在眼里，第二年把业务主任的重担交给了他，让他带领几个小伙伴共同开发新市场。2014年，王谦带领的团队当选为“公司最佳团队”。荣誉的背后，是大家共同努力的结果，也与王谦成熟稳重的带队方式密不可分。第三年做到团队经理，第四年荣升部门总经理助理，一步一个脚印走来，他觉得自己没什么特殊的秘诀，无非“付出”二字。因为他坚信，付出早晚会有回报。

如今的王谦，身为营销中心的总经理助理，已经不需要跑市场，更多的是负责部门的管理工作，但当同学、同事有困难时，他还总是非常乐意地去帮忙。王谦说：“是老师一路引领着我，让我找准了职业方向；是学校培养了我，锻炼提高了我的综合素养；是银领学院提供了平台，让我在‘订单班’这种‘定向委培’的人才培养模式中，找到了发挥自己能力的舞台。是学校成就了我，我要永远感谢学校。”

**【师长点评】**

王谦的故事告诉我们，在学校要提高自己的技能和专业，要通过老师的指引和学校的平台一步步迈向成熟，最终才能成为一个出色的“期货精英”。这也启示浙江金融职业学院的学子，要有踏实、稳重、坚韧、成熟的心态，才能让自己的脚步走得更稳健。

煮熟的饺子才会浮出水面，厚积方可薄发，要拥有成熟的心态并非一朝一夕之功，需要长时间的积累和打磨，但只要有意识去培养，终有一天也可以像王谦一样，一步一个脚印，在职场找到属于自己的路。

# 行稳，方能致远

**【人生格言】**

人生道路或平顺，或坎坷，或风雨，或艳阳，而要想一路前行到达诗一般的远方，唯有坚守自己的初心，平稳前行，稳扎稳打走好每一步。我也相信不忘初心，方能行稳致远。

——吴向东

**【银领故事】**

2009年，他从浙江金融职业学院银领学院工行订单班毕业；2016年，他担任中国工商银行杭州广电支行行长。八年时间，这个普普通通的“80后”——吴向东，靠着骨子里的那股劲儿，由一名高职学院的学生成长为中国工商银行杭州广电支行的领路人，也成为浙江金融职业学院银领学院所有在校学生学习的榜样。

吴向东的成功不是一蹴而就的，而是靠着自己踏踏实实的付出换来的。他曾经从零起步学习点钞技能，练到一整筐的点钞券上都沾上了血迹，但依旧不改勤奋的态度；他负责的业务曾处处遭到挑刺，但他将每一次的谩骂都视为一次学习和成长的机会；他也曾遇竞争激烈的对手，但他以良好的沟通和周全的考虑赢得了客户的支持……

“戒急用忍，行稳致远。”这八个字完美诠释了吴向东作为一个银行人用心做事的奋斗历程。

## 结缘“金融”，稳扎稳打练技能

吴向东在2006年夏天参加了高考，然而考试成绩并不理想，只能上普通本科院校。吴向东思来想去，如果去一般的本科院校读四年，毕业后也不一定能找到好的工作，与其这样还不如去学一门实用的技能傍身，但一时间却难以找到合适的学校。随着填报志愿的日期越来越近，他陷入了两难的境地。一次偶然的机会，他听到身边的亲朋好友提起浙江金融职业学院，说这所学校以培养金融行业人才出名，被称为高职院校中的“211”。吴向东立马来了兴趣，在通过各种途径了解了学校以后，毫不犹豫地选择了这所学校的金融管理与实务专业。

初入学的吴向东还带着些许懵懂和好奇，但是点钞和传票输入两项职业技能很快引起了他的兴趣。“每次看到别人点钞，就觉得这是一道蛮美的风景。学校经常举办技能大赛，当时作为新生的我，每次经过学校学生发展中心门口的擂台时，内心都有一种想要一展雄风的冲劲，希望有朝一日自己能练到炉火纯青的地步站到台上。”就是凭着这样一个简单的想法，吴向东开始了刻苦的点钞训练。

“金通实验楼401是点钞实训室，我们平时就跟启蒙老师林莉学习点钞的方法和技巧，之后就是不停练习，经常会划伤手指，练到最后往往点钞券上都染上了血迹。”点钞的过程机械反复、枯燥乏味，但是吴向东没有放弃。“每次点钞时间都有限制，为了取得更好的成绩，就算手指在流血也会忍着痛把钞票点完。”肯吃苦、不怕累的吴向东靠着自己的勤奋成功站在了那个梦想的舞台上。

付出和回报在很多时候是成正比的。吴向东的刻苦训练不仅让他实现了进校后的第一个目标，站在了学校学生发展中心门口的擂台上，成为金融系的技能冠军，而且也为他日后进入订单班学习打下了坚实的基础。

2008年3月，学校创立了“银领学院”，开启了订单人才培养模式，由各家银行到校面向各个专业选拔学生组成订单班。进入订单班学习也就意味着毕业后的就业基本得到了保障，这与吴向东当时选择这所学校的初衷不谋而合，于是他立马报名参加订单班的招生。凭着精湛的技能水平和刻苦勤奋的训练态度，吴向东顺利进入了中国工商银行订单班。

吴向东深知订单班的学生都是各个专业的“高手”，想要在班里立足甚至脱颖而出，必须付出比别人多十倍、百倍的努力。在别人眼中暑假是闲适的，但对他来说却是忙碌的。为了赢得暑期实习的机会，深入了解银行工作的特性，吴向东挨家挨户跑银行，一家不行找另一家，免费给银行打零工、搞卫生、做一些事务性工作。“能够比别人多付出一点，多努力一点，多勤奋一点，一定会收到不一样的效果。”的确，正如吴向东所说的一样，这种能吃苦、能做事、想做事的态度受到了工行一家实习单位的认可，给了这个努力向上的年轻人一次难得的机会。

## 经受磨砺，在挫折中稳步前行

进入工行之后，吴向东从普通柜员开始慢慢熟悉业务，还做起了对公业务的开展工作，但是由于对这项业务的熟悉程度有限，对客户了解不够深入，让原本信心满满的吴向东碰了一鼻子灰，客户的挑刺和指责也成了家常便饭。

记得有一次，本应该在上午就把客户的一笔资金汇出的，结果到了下午才汇出，给客户造成了不小的麻烦，吴向东也受到了客户的厉声呵斥：“找你们领导来，这么弄不清，你们工行的员工业务竟然这么不熟练。”麻烦已经造成了，解决问题的方法不是留在原地懊恼，而是理清思路，找出问题发生的原因。面对客户难听的指责和谩骂，吴向东没有冲动地“回击”，而是全盘接收，并把所有的责任都揽到了自己身上。吴向东一回到银行便重新检查了整个汇款流程，原来由于自己在网银系统改版以后的不熟练操作，以及对方提供的账号开户行有误，导致了问题的产生。找到了问题发生的原因，吴向东立马向客户赔礼道歉。见到吴向东如此坦诚又有担当，客户终于原谅了他。

吴向东说：“虽然客户在提供开户行时出现了错误，但是主要责任还在于自己对业务不够熟悉，没有及时掌握更新的信息，没有给客户有效的指导。虽然我被骂得非常难堪，但是我诚恳的态度让对方产生了好感。”让吴向东感到意外的是，这件事竟促成了他和这个客户的长期合作关系，两人更在生活中成了好朋友。

“客户的每一次谩骂，我都把它当作一次学习的机会，一次积累的机会，让我能够不断充实自身的业务知识，学会处理与客户的关系。谩骂对于我的成长而言，是最好的学习过程。”面对客户的谩骂和责难，吴向东不仅全盘接收，而且每次都能从中吸取经验和教训，不因错误而畏惧退缩，不因谩骂而停滞不前。

业精于勤，回首吴向东的职业生涯，从柜员到对公账户业务员到客户经理再到现在的支行行长，吴向东接触到的客户形形色色，但他一向照单全收，不放过任何一个客户，不忽视任何一个机会。在吴向东看来，想要把金融工作做得完美，首先要学会时时刻刻把客户放在心中，急客户所急，想客户所想，从而赢得客户的好感。功夫不负有心人，吴向东的努力获得了客户的好评，也积累了良好的客户资源，为自己实现出众的业绩提供了充分的保障。

对于工作，吴向东从来都是心怀热情的，从来都是谦逊有礼的，从来都是戒急戒躁的，在平稳中一路前行，也正是这样，才有了今天的吴向东。

## 及时沟通，稳攥成功法宝

“沟通越直接，广告的效果就越好。”这是美国纽约广告公司创建人金·法德雷的一句名言。而在吴向东看来，及时沟通则是成功制胜的法宝。沟通在我们的生活和工作中必不可少,吴向东更是把这二字视为成功的关键。在他看来,领导在考验员工、评价员工时的依据,很大一部分就是来源于员工的个人成绩,其中包括业绩和为人处世,而这两点都离不开良好的沟通。“在工作中及时跟领导、同事沟通,把不必要发生的事情及早地解决,可预判的事情提前做好准备工作,这样整件事情做下来才能够体现完美,让人家感觉到自己做事情是有条理的,在思想方面也是比较深邃的,处理方法也比较得当。”吴向东这样说道。

金融工作,注重“咨询”和“信息”这两个词,把握第一手资料、取得第一手信息,是先人一步拿下业务的关键。吴向东曾经与其他银行竞争一个深圳的企业客户,该客户因为要开一个基金监管账户,因此在银行的选择上要求非常高。为了能在竞争中胜出,吴向东使出了浑身解数,但是在前期的谈判过程中,因为没有找准对方的侧重点导致双方无法达成一致。同行的同事都泄了气,觉得这个单子肯定是谈不成了,但吴向东并没有产生退却之意,而是沉下心,认真思考一路谈判的过程和要点,列出自己银行的优劣势进行分析。他相信只要明白对方真正需要的是什么,就一定可以找到双方共同的利益点,于是他开始通过各种各样的途径和人脉收集信息,联系对方负责人。

功夫不负有心人。在吴向东的多次沟通和联系之下,终于见到了这家企业的法人代表,了解到该企业非常注重结算体系。“我们工行正好有着庞大的结算体系,可以满足企业的最大需求,从而消除了企业的最大顾虑。”吴向东说,“因为及时沟通,不仅让我们找准了方向,而且让客户对我们后续提出的方案非常满意,促成了企业将近 2 亿元的基金监管账户转到工行。”

通过这件事,吴向东更加认识到在金融行业中沟通的重要性,多方面沟通、多方面采集信息、多方面了解客户,才能赢得客户,才能赢得最终的胜利。正如吴向东的人生格言:“没有做不成的事,只有不去做的人。”沟通说难也不难,只是看你愿不愿意去做;沟通说易也不易,要看你能不能做好。吴向东还寄语学弟学妹:“参加工作后,不仅需要你有做事情的本领,还需要你有沟通能力,把这两项做到位了,所有的工作岗位你都可以胜任,没有什么畏惧可言!”

**【师长点评】**

古有明训:“戒急用忍,行稳致远。”人生的路途曲折多变,若想走得远,必须随时看清外在的环境变化,走得稳稳当当,走得踏踏实实。稳,不意味着一路慢行,而是审时度势,疾徐适中,不急不喘,一步一个脚印,这样才能有充分的体力走远路。

“成功路上并不拥挤,因为坚持的人不多。”从一名普普通通的学生到一家银行的领路人,吴向东一直在奋斗,一直在坚持。但是,现在很多学生一碰到困难就止步不前,一遇到挫折就低头退缩,就是因为缺乏这样一种不抛弃、不放弃的行动精神。成功从来都不是轻而易举的,只有像吴向东这样将勤奋当作日常,将坚持放在心中的人,才能走向远方。

通过吴向东的奋斗故事,希望能够让所有的在校学生明白“没有做不成的事,只有不去做的人”的道理。或许追梦的道路有些坎坷,有些难走,但是前进的脚步不能停止,每一次的拼搏,每一次的努力,每一次的积累,都将使我们离成功更进一步。

# 细心发现细节，细节决定成败

**【人生格言】**

如果，你想做好一件事，就必须对这件事了解透彻，正所谓欲画虎斗，必先悉虎。每个人，每件事，都有其特性，如果我们能够细心地发现这些特性，那么完成这件事就容易得多；反之，如果我们不了解它，也许能完成这件事，但总会留有一丝遗憾。总之，细心了解每件事情的特性，在细节上展现出来，用细节去点睛，或许成功离你不会太远。

——叶红丽

**【银领故事】**

时间临近深夜 12 点，是网银专线即将结束一天忙碌工作的节点。一阵熟悉的电话铃声响起，“您好，工号 091 很高兴为您服务，有什么可以帮到您?”叶红丽像往常一样拿起电话问候客户。乍一听，是一位年事已高的老奶奶，声音很急迫，她含糊地描述着自己在 ATM 机取款未果却扣款的情况。细心的叶红丽推测，上了岁数的老年人一般会选择前往银行柜台办理存取款业务，可能是急需用钱的缘故，老奶奶才不得已选择了 ATM 机。老奶奶接下来的话印证了叶红丽的推测。叶红丽先安抚了老奶奶焦虑的心情，随后熟练地根据话务处理流程耐心指导老奶奶核实机器状态，并帮她查询了卡内余额，告诉她可能是机器发生了短暂的单边账情况，目前款项已经调回，让她不要担心。虽然是一通很常规的话务，但电话那头老奶奶的一句“谢谢”，就是对叶红丽最大的褒奖与肯定。

这是 2011 年叶红丽刚进入浙江省农村信用社联合社实习时发生的一件事，也是她四年认真工作的一个缩影。从当初一名不起眼的客服专员到质检专员，叶红丽只用了两年时间。她自有成功的秘诀：细心发现细节，细节决定成败。

## 处处留心皆学问

叶红丽出生于 1991 年，是杭州萧山人。小时候，她每次跟着爸爸妈妈去银行办理业务，看着窗口那些身着职业装的叔叔阿姨彬彬有礼地忙碌着，事后从别人口中得到一句“谢谢”，她就特别羡慕。她好奇地问爸爸妈妈，那些叔叔阿姨为何如此受到别人的尊敬。爸爸妈妈告诉她，因为他们是为别人排忧解难的服务人员。从那时起，叶红丽就有了人生梦想：有朝一日身穿职业装在银行工作。

在父母眼里，叶红丽是一个非常细心的孩子。别人看不到的，或者人家没注意到的事物，她都铭记在心。上学之后，叶红丽依然保持这种习惯：课本上各种圈点勾画，笔记本里各种标语注释。她可能不知道，正是自己这种认真细心的习惯，让她的学习成绩一直名列班级前列。

高三的时候，班主任李永保结合叶红丽的成绩，向她推荐了几所不错的大学，其中就包括了浙江金融职业学院。李老师告诉她，曾有不少学生填报这所学校，毕业后大多能进入金融领域工作，在银行工作的更不在少数。听了李老师的这番话，叶红丽对这所学校产生了浓厚兴趣。叶红丽的高考分数足以填报本科院校，但她认为念大学就是为了掌握一技之长，选择一所高职院校或许更实际。由于先前老师的推荐，她特意跑到浙江金融职业学院考察了一番。学校招生办的老师告诉她，学校与金融机构合作开办的银领学院以“订单班”的形式专门定向培养优秀的金融人才，毕业后能进入订单单位就职。这个意外的惊喜，让叶红丽吃了一颗定心丸，她当时就认定了这所学校。

叶红丽凭借高分顺利进入浙江金融职业学院，却阴差阳错地与最心仪的金融专业擦肩而过，最终进入保险专业就读。她懂得“既来之则安之”的道理，况且保险作为朝阳行业，并非不可接受。进入大一，叶红丽把精力全放在学业上。学校保险专业借鉴了当下大多数保险公司的运作模式——晨会制度，一年下来，班级组织的所有晨会，她从未缺席。到了第二学期，叶红丽成为班级晨会的组织者，负责晨会的具体安排，比如安排同学间的模拟训练等。在日复一日的组织过程中，她开始慢慢关注每位同学的晨会状态，发现状态不好的同学，会及时跟他们沟通，看似很细小的环节，却能直接反映整个班级的学习氛围。“作为班级晨会的组织者，我除了安排晨会的内容，更重要的是去观察每位同学的状态。可能他们觉得偶尔出现一两次不专注无关痛痒，但是一旦这种苗头蔓延到整个班级，那么就会对学习氛围带来负面效应。”叶红丽认为，细节往往决定着一个人的成败，看似很不起眼的一件小事，却有可能因小失大。她身上展现出的这份细心与责任，赢得了老师和同学的认可。

## 于细微中见真章

进入大二，叶红丽意识到提升自身综合素养很重要。为此，她开始加入学校的社团组织，期望通过社团组织的一系列活动，锻炼自己的各方面能力。她加入了学校社团联合会，同时担任协会副主席兼人力资源部部长。尽管叶红丽在班级组织和管理方面有过成功的经验，但是在社团管理方面却毫无经验，何况身兼两个要职。此时，主管该社团的王懂礼老师鼓励她：“社团既然选择由你担任组织管理者，显然是看中了你身上的闪光点。结合竞聘中对你的了解，你有责任心，做事细心、稳重，完全能将社团组织管理好。”王老师的这番话，彻底打消了叶红丽心中的顾虑。王老师建议她把重心放在人力资源部上，因为人力资源部事情比较多，也很杂，最需要她的严谨与细心。

叶红丽听从了王老师的建议，将工作重心放在人力资源部，除了制定各项规章制度之外，还要对未来发展制作相关的规划书。为了社团更好地发展，王老师组织人力资源部的所有学生前往兄弟学校社团参观学习。叶红丽利用这次难得的机会向其他学校的同仁取经，并细心地将看到听到的内容详细记录在笔记本上。回到学校之后，叶红丽结合笔记本上的内容加以摸索，渐渐有了管理思路。

人力资源部有一项重要职责就是督促学校各个社团的工作。学校规定，宣传部门需要张贴的各种海报和校报必须经过人力资源部盖章方可张贴在橱窗内。有一次，宣传部的人拿着已经制作完毕的海报找人力资源部的干事盖章，但那位干事在盖章时未察觉海报有异常。叶红丽在审核时，细心地发现了海报上有一处错别字。她及时跟宣传部的同学进行沟通，并纠正了错误。在旁人看来，一处毫不起眼的错别字，不会出什么大事，但在事无巨细的叶红丽眼里，却事关宣传部和人力资源部的声誉，倘若这个失误暴露在学校的橱窗内，可能会招致全校师生的质疑。一个小插曲，让原本就谨小慎微的叶红丽变得更加谨慎，她叮嘱部门的同学在盖章之前必须仔细核实内容，发现错误及时与所在部门取得联系并修改。叶红丽在终审时也会反复检查几遍，以确保“零错误”。叶红丽对待工作的严谨态度也感染了身边的每一位同学。

“学校为我提供了一个很好的锻炼平台，在这里我不仅结识了更多的朋友，更提升了我的组织管理水平，还有对待工作的严谨和细心态度，让我在今后的工作中如鱼得水。”提到在学校社团的经历，叶红丽的感激之情溢于言表。

## 细节决定成败

大二第二学期，银领学院“订单班”开始选拔招聘，选择余地很大，有保险公司，也有叶红丽最中意的各家银行。跟父母商议后，她决定去面试浙江省农村信用社联合社订单班。报名完成之后，正当她期待面试通知时，“订单班”的老师告诉她没有获得面试资格。她的情绪瞬间跌入谷底，随后她向老师打听了原因，得知是因为所学专业跟招生要求不符，难道憧憬多年的梦想就这样破灭了吗？

叶红丽把想法告诉了最信任的王懂礼老师，王老师首先安抚了她的情绪，随后告诉她：“机会的大门没有为你关闭，只要面试没结束，你就有机会。”王老师还专门打电话到浙江省农村信用社联合社，希望给叶红丽一个面试的机会。好事多磨，经过王老师的推荐，叶红丽终于搭上了面试的末班车。订单班班主任孙淑萍不想错过一个有志向的学生，在了解了叶红丽大学期间的表现后，发现她身上那种细心、认真和负责的品质正是银行所需要的。就这样，叶红丽进入了梦寐以求的“订单班”。

进入浙江省农村信用社联合社订单班之后，她认为要做好一名客服专员，跟客户保持良好的沟通很重要。除了跟老师学习技能之外，她还在课外有意识地跟同学进行反复演练，极大地提升了交流能力。2011 年 9 月，她如愿进入单位成为一名实习客服专员。随后的两年，她每天至少有 8 小时在跟客户沟通，至今她仍记得自己独立接听第一位客户来电时的紧张和激动，生怕不知如何跟陌生的客户沟通，担心自己不能解答客户的疑惑，但一切顾虑都随着客户温和的询问声消失殆尽。

2013 年，单位客服中心要挑选几名表现优异的客服专员做质检专员，叶红丽想尝试一把。经过一轮轮的笔试和面试，她终于征服了部门领导，升任质检专员。然而，质检专员是个容易得罪人的岗位，打交道的不再是客户，而是客服中心的同事。她的工作就是通过监听这些客服专员与客户的通话内容，寻找他们的失误与不足。说白了，就是一个“鸡蛋里挑骨头”的差事。以叶红丽细心严谨的工作态度，要挑毛病容易，但要把这些问题如实反馈给同事，当真十分艰难。在前期的工作中，用她自己的话说，她就是同事眼中“最不受待见”的人，但她没有放弃，而是思索着解决问题的办法。她的细心再次帮了大忙，通过一段时间的适应和了解，针对每个客服专员她都做足了功课，包括性格、喜好，等等，都记录在笔记本上。知道了每个同事的脾气秉性，沟通起来就没那么多的矛盾了。“质检专员确实需要得罪不少同事，谁也不愿意当一个‘恶人’。然而，人家不认同的往往是沟通方式，只有在合适的时间用合适的沟通方式，才能让同事心平气和地认识到错误并改正错误。”叶红丽说。

叶红丽一直不知疲倦地忙碌于质检专员这个岗位，除了每天完成监听工作外，还要不定时地找客服专员沟通、交流话务问题，倾听他们的想法，和新员工进行经验分享。现在的她，已经完全适应了这个岗位，同事们也都认可了她的能力。部门主管林琦说：“叶红丽作为最早一批客服中心的质检专员，能把这个工作做好很不容易。她的严谨、细心和冷静，感染着身边的每一位同事，也包括我。”

**【师长点评】**

专业技能，当然是一个人成功的关键因素。但是在职业生涯中，如果仅有过硬的技能还是不够的，还需要具备一种良好的心态。这种心态，就是成熟、稳重和细心。

叶红丽的故事告诉我们，成才其实并非很难。论学历，她只是高职毕业，与本科生、研究生相比，绝无任何优势可言；论背景，她不过出身于一个普通家庭，父母亲无力为她的职业搭桥铺路。但叶红丽除了掌握专业技能之外，还有一种良好的心态——细心。

细心发现细节，细节决定成败，当你拥有不错的技能之外，还能拥有一颗细腻的心，那真的就能“走遍天下都不怕”了。

# 自我加压，逼出最强的自己

**【人生格言】**

无论处在何种环境下，我心里一直憋着那句话：是金子总会发光的。从柜员到理财经理到网点营业主管，再到今天成为支行主持工作的副行长，一路走来虽然艰辛，但我觉得值。

——董晓丽

**【银领故事】**

2009年6月，从浙江金融职业学院银领学院邮储银行订单班毕业的她来到中国邮储银行临海赤城路支行报到。没有任何的“关系”和“背景”，全凭着在校时打下的扎实基础，苦干加实干，这个草根出身的姑娘，硬是在传统金融企业越来越激烈的内外部竞争中杀出一条血路，实现了从实习生到支行副行长(主持工作)的逆袭。

她是董晓丽，一个30刚出头的两个孩子的妈妈，几天前，领导告诉她，赤城路支行这一大摊子事今后就要靠她来打理了。

“刚刚宣布任命就来母校接受培训，连岗位的交接班都还没做呢，好多事都还没理出头绪，所以昨晚上一直在思考今后工作的思路，到1点多才睡着。”在母校老师面前，董晓丽坦率地表示刚刚到来的这一切有点突然。

但循着董晓丽从考入浙江金融职业学院以来这11年的奋斗轨迹，今天的这个结果却又似乎是水到渠成的。

## 逆境奋力争第一

2006年，董晓丽参加高考，没发挥好，离本科线差5分，她妈妈说，既然读不了本科，那就在专科中挑一所好的学校吧，刚好有一个亲戚是在当地一家银行上班，亲戚说干这行前景还是不错的。就这样，董晓丽第一志愿填报了浙江金融职业学院。因为超过了分数线，最后她被金融管理学院顺利录取。

大学之前，董晓丽家虽然不富裕，却也吃穿不愁。但天有不测风云，在董晓丽大一第一学期末，她爸爸遭遇车祸失去了语言功能。一场手术把家里的所有积蓄全搭进去不说,医院还经常催着交钱,刚刚成年的董晓丽只好硬着头皮四处张罗在亲朋好友中借钱。

再就是,新学期开学后自己的生活费怎么办?下一学年的学费怎么办?“家里欠了那么多债,能借的亲戚都借遍了,我还怎么好意思向家里要呢?”万般无奈之下,董晓丽只好去找班主任周邦瑶老师要求勤工俭学。在此后的一年半中,她就一直在系办公室打杂,勤工俭学养活自己。

苦难使人提前成熟,家庭的变故让董晓丽肩上感受到了沉甸甸的压力,她明白,前面的路没人搀着她走了,她必须靠自己撑下去。

董晓丽身上,自信、独立、果敢和一往无前的勇气总能感染人,有人问她这些精神特质除了家庭变故带来的压力外,还有没有别的因素使然?董晓丽坦率地说,母校那种公平公正的办学氛围,老师们的尽职尽心,同学们积极向上的风气,这些客观上促使她必须有所作为。

能进入浙江金融职业学院银领学院订单班学习,几乎是所有同学的向往,因为进入这个班级,就意味着毕业后能顺利就业。大二第二个学期,银领学院在全校范围内组织开展订单班选拔招聘,董晓丽顺利入围,成为邮储银行订单班的一员。

高手会聚在一起,董晓丽的好胜心被再次激发。因为各方面的原因,大一大二时,董晓丽都没有做过班干部,因此她决定去报名参选班级团支书。可能是因为自己竞选准备充分,也可能是因为预备党员的身份,最后董晓丽顺利当选班级团支书。

竞选的成功对董晓丽来说是一个启示,她觉得人的潜能是无限的,关键是自己有没有信心去争取;光下决心还不够,还得制订好阶段性目标,并有计划地推进。大一大二时,董晓丽曾获得过二等和三等奖学金,她想自己为什么就不能再往上冲一冲呢?于是她就给自己设定了冲一等奖学金的目标。

这个目标显然有点高,“订单班招生的时候就非常注重学生的技能水平,要在这样的班级里拿到一等奖学金,除了你平时的理论课和专业课知识必须优秀外,对基本技能的要求也是非常高的,毕竟,我们这些人毕业后都是要到银行一线去工作的,如果在校期间不能打下扎实的基础,上岗后哪有资格与别人争高低?”

点钞是银行员工最基本的技能,当时董晓丽班上有的同学 10 分钟能点 24、25 把,而她自己只能点 20 把。为了跟上顶尖的同学,她就常常利用每周二和周四没课的时间去学院的实训室练习点钞。董晓丽的班主任牟君清老师本身就是一位点钞高手,她谙熟各种点法技术,牟老师还是她的台州老乡,有了这层关系,董晓丽一有空就缠着牟老师给她点拨技艺。而牟老师对这个好学的学生也很看重,一有机会,就带着她去参加一些类似如何识别假钞之类的社会实践活动,这为她后来走上工作岗位打下了扎实的基础。

功夫不负有心人,在大三的第一学期,董晓丽以各门功课相加总成绩位全班第一名的优秀表现荣获一等奖学金,她给自己设定的目标又一次实现了!

## 柜面营销出佳绩

订单班的第二学期,全体同学都要去银行实习了。董晓丽和她同班的另外六位同学一起到中国邮储银行临海赤城路支行实习,经过一段时间的考察和培训后,董晓丽被安排做柜员。实习三个月后,一个机会就摆在了董晓丽面前:台州市金融系统要举行全市反假币大赛,临海市人民银行要求各行的柜员自己报名参加这个大赛,由于在学校时学过专业课知识,加上跟着牟老师在杭州参加过好几次类似的活动,董晓丽就主动报名参赛。经过行内初选,她最终被选入代表临海市银行业参赛的三人小组,并最终获得反假币大赛的第一名!

一炮走红后,行里对这位新来的实习生刮目相看,此后凡是有类似比赛,行长一般都会让董晓丽去参赛。“我这人有点特别,比如点钞,在订单班的时候,我并不是班里顶尖的高手,但我是比赛型的,支行的领导也说我的心理素质特别好,平时在单位,我10分钟一般只能点20把,但在技能比赛时,我却能点32把,而且不出差错。”

在赤城路支行做柜员的这些日子里,董晓丽多次代表临海市或者邮储银行去参加各种技能比赛,屡有斩获。

好强的董晓丽显然不会满足于赛场上的风光,因为与她一起进入支行的其他几个同班同学,有的在信贷部,有的在理财部,而她却一直在做柜员。

做柜员的董晓丽自然不会服输。柜面营销是被业内所认可的一种营销手段。“我在给客户办理存款时,有时也会跟客户顺便拉家常,并给他们推荐一些理财产品,这种做法也是比较有效的。”其中给董晓丽印象最深的是网点附近一个批发市场里的老板,他每个月到行里存一两万元的活期,里面的钱几乎一整年都没动用过,她就给客户介绍了一款保险理财产品,因为董晓丽一直在有意识地维护这个客户,客户也信任她,就一次性购买了150万元的产品。

在实习的几个月中,董晓丽他们七个订单班的同学暗中较劲,共卖出了几百万元的保险理财产品。行长表扬七个实习生说:“行里的保险理财产品从来就没有这样红火过,你们几个一来,彻底改变了这种现状。”

当时董晓丽手上已经积累了四五个关系比较好的理财客户,但行长说:“如果每人手上能有四五十个客户的积累,你们的业绩才会更好。”

从不甘于人后的董晓丽在柜台后再也坐不住了,她决定要冲到一线去。

## 响鼓要用重锤擂

做了三年柜员的董晓丽主动向行里提出自己要去大堂做理财。

事实是她想证明,在做理财产品方面,她能比她的同学做得更出色。不久,董晓丽就如愿以偿地当上了大堂理财经理。

有人说中国本质上是一个人情社会,“滴水之恩当涌泉相报”“礼尚往来”,这些都是普通老百姓人际交往的准则之一。在街坊中成长起来的董晓丽深谙这一点,为了拉近与客户之间的距离,每年几个大的节日,她都会自费买一些诸如充电宝、电饭煲之类的礼物前去拜访客户。2017年年前,董晓丽甚至把爱人也拉上了,夫妇俩开车挨家挨户地去拜访客户,汽车的后备厢里都是她买的一些小礼物,连着拜访了三四天,很多客户都被感动了。

对于银行来说,客户就是上帝,但在“上帝”眼里,银行员工首先就是一个普通人,“来而不往非礼也”,年后,董晓丽的业务量一下子增加了200多万元。“客户关系的维护,情感投资很关键,现在好多客户都喜欢跟我拉家常。”董晓丽说。

银行业属于服务业,服务好客户是每个网点工作人员的天职。在做大堂理财经理的那些日子里,董晓丽以女性特有的细致去发现和把握每一个服务的机会。赤城路支行位于老城区,行里每天都有上百个来办理社保业务的阿公阿婆,几乎每个人都要在大厅里等一两个小时。为了不让客户们心烦,董晓丽就买了一个血压机放在大堂里,上面打上几个字:免费量血压。在给客户量血压的过程中,她就跟大家拉家常。量完血压,彼此就成了朋友,有的阿公阿婆还会主动留下自己的联系方式。合适的时候,董晓丽也会对这些客户进行回访。一来二去的,这些人也就成了她的有效客户。

在大堂服务,每天要跟各式各样的人打交道,应急处理的能力也很关键。有一天正是一个大的节日，一个客户因为银行卡被ATM机吞了，就在大堂里发脾气，还因为身份证过期无法取卡而差点跟保安打起来。董晓丽见状立刻过去制止了这场冲突，之后她又用了三个小时协调，最后既说服了客户等拿到新身份证再来取卡，也帮他通过其他支付途径的转换如愿取到了钱。像这样的事在董晓丽的大堂服务生涯中屡见不鲜，她认为这正好可以提高自己的应急处理能力。

付出总有回报。刚做柜员的时候，董晓丽做梦都在想着转正；做大堂理财经理的时候，她的眼里就只有客户；到后来，她能一切从客户的角度处理问题。董晓丽觉得，这是自己成长必须经历的一个过程。

但对领导来说，董晓丽的成长还得加快。做了三年理财经理后，行长对董晓丽说，一个网点需要团队的努力，你自己优秀，也要培养别人和你一起优秀。董晓丽就又培养了行里一个本科生做她的徒弟，名师出高徒，徒弟不久也成了网点的理财经理。做了网点业务主管后，行长又说，你得让网点的所有人都会做业务才行。董晓丽就又带了好几个徒弟。

“其实，就我内心来讲，我更愿意在一线跟客户打交道。”董晓丽说。但行长总是一步一步地把她往前面赶，现在把她“逼”到了副行长的位置上还不罢休，行长对董晓丽说：“你做过柜员，做过理财经理，还做过管理岗位，你已经有全面的领导经验了，现在只能把事做好，做不好，我还是会把你骂哭的。”响鼓用重锤，快马要加鞭，年轻的董晓丽前程似锦。

**【师长点评】**

董晓丽的成长史告诉我们：做金融必须一步一个脚印，无论在哪个岗位上，你都得先把眼下的事做好，这山望着那山高，到头来什么都做不成。有些事，你即使做得很好了，也还要继续努力，相信是金子一定会发光的！

立志于在金融领域有所作为的人，一定要在学校打下扎实的专业知识和专业技能，绝对不能混日子。如果在校时知识有缺陷，技能不过关，到了竞争激烈的岗位上是不可能再给你机会的。

心理素质虽然有很大一部分是天生的，但有一部分是可以后天锤炼的，在学校时，一定要自加压力，去争取那些自以为争取不到的目标，去追赶那些跑在你前头的人。只有自己强大了，机会才会不断地出现在你面前。

# 第六章　银领风采之“壮志豪情”

银领学院将理想信念教育一以贯之，强调学生在社会、集体价值大环境下的个性成长、自由发展，并推出了梦想演讲、生涯规划等一系列实践活动。得益于此，银领学院学生“心怀梦想志高远，脚踏实地持以恒”，交出了一份份优秀的人生答卷。

# 心有猛虎，细嗅蔷薇

**【人生格言】**

做每一件事时都要为自己制订一个目标，然后为它努力，当你有所付出时，才会离目标越来越近。人生有太多的不言而喻在心里，也有很多不期而遇在路上！只要你问心无愧，那你就值得拥有美好的明天！

——毛欢欢

**【银领故事】**

是技术控，还是艺体达人？

在毛欢欢身上，我们可以同时看到两种特质。苦练技能，是因为他对自己有严格的要求、对职业有清晰的规划、对人生有高度的责任感；爱好艺体，是因为他想勇敢地表达自己、立体地感知生活、尽情地享受青春。

“做每一件事时都要为自己制订一个目标，然后为它努力，当你有所付出时，才会离目标越来越近。”毛欢欢说道。

每一个阶段他都有自己的目标，并且坚定不移地为之努力。他既有宝贵的百分之一的灵感，又肯付出百分之九十九的汗水，因此，毛欢欢成为银行业务领域的技能标杆。出生于1989年，2010年毕业于浙江金融职业学院银领学院的他，目前已经是中国工商银行宁波常青藤支行行长。

八年时间，他获得多项荣誉：“中国工商银行十大杰出青年”、“全国金融青年服务明星”、宁波市最年轻的“首席工人”、“宁波市技术能手”、“中国工商银行总行‘知识型员工先进个人’”、“宁波市工行青年服务明星”、“中国工商银行十佳管理者”……

## 点钞快，那你就学点钞

“只要你够优秀、够出彩，一定可以实现自己的价值，你点钞快，那就好好学习点钞。”这是班主任章叶英老师对毛欢欢说的话，那时他刚进银领学院，不知道该怎样学习自己的专业，也不确定将来能否实现自己的理想。彷徨中，章老师的鼓励给他带来了希望，让他坚定了信念。

“进入银领学院，就是半个银行人了，”毛欢欢说道，“银领学院用银行业务领域的‘实战’标准培养学生。”而他则是用更高的标准要求自己。在学校期间，毛欢欢苦练专业技能，他牺牲了很多休闲娱乐时间，潜心钻研，虚心求教，不断提升自己的专业技能，为他以后的工作打下坚实的基础。走上工作岗位以后，毛欢欢并没有疏于技能训练。他积极参加各种技能大赛并取得了一项又一项优异的成绩，如中国工商银行宁波市分行第十四届业务技术比赛“综合点钞”冠军、宁波市银行业第三届支付结算业务技能大赛“手工点钞项目”冠军，等等。

在准备过程中，他把每一次训练当成比赛，用最高的标准要求自己，同时不断突破自我。刚开始练习时他非常注重提升速度，后来手指的速度越来越快，数的速度却跟不上了，毛欢欢的训练遇到了瓶颈，但困难并没有使他却步，他每天晚上专门花两个小时练习，经过训练最后成功克服这个难题，从 5 分钟点钞 12 把提高到 10 分钟将近 30 把，比赛中一度使得计数器爆表。他在 23 岁时就被评为“宁波市分行兼职点钞培训师”。

2013 年，毛欢欢参加宁波市银行业业务技能大赛，在 20 天的脱产培训中，他每天睡觉的时间不足 5 个小时。通过平时积累和集训时的刻苦训练，毛欢欢以 10 分钟 25 把的优异成绩获宁波市银行业第三届支付结算业务技能大赛手工点钞项目冠军，这是中国工商银行宁波分行在本地金融行业点钞项目比赛的最佳成绩。

发扬自己的优势，才能脱颖而出，毛欢欢点钞有天分，老师就鼓励他多加练习，练就核心竞争力。尽力而为，量力而行，严谨踏实，奋斗不止，因而他的成功也是理所应当的，是必然而不是偶然。

## 先准备，万一让你展示呢

在进入订单班面试之前，毛欢欢先找了章老师，问老师面试需要怎样准备。“从你进门的那一刻起，面试就开始了。”章老师说道，“进了门要面带微笑，同时向面试官问好，然后请示面试官自己能否坐下，得到允许后才能坐下……”

在去参加银行面试时，老师提醒他，要做好准备，面试官可能会要求展示技能，同时记住，下了车面试就开始了，注意自己的仪容、走路姿态，见到银行工作人员要问好，等等。在老师的指导下，毛欢欢成功通过了面试。

细微之处，尽显礼仪，学院的用心培养、老师的谆谆教诲，让学生们有了深刻的感悟，也让毛欢欢养成了做事要预先准备的习惯。

在他还是中国工商银行鄞州支行柜员时，就处处留心。顾客的要求和信息，每一项都认真记录，尽量满足客户的要求，提供最细致的服务——记下顾客的生日，然后在顾客生日时送一些小礼物；记住客户生活中遇到的一些难题，尽力帮忙解决。这样的事情还有很多，不仅让客户感到惊喜，而且能让他们对自己和所在银行产生信任，更有助于维护好银行和客户的关系。

经过几个月的摸索和学习，加上同事间的合作和努力，2012 年 9 月至 2014 年 12 月，鄞州支行共销售股票型基金 6000 万元，理财 1.5 亿元，新增个人储蓄存款 5000 万元，对公存款 2400 多万元，网点业务有了质的飞越。每一次成功，都源自背后的辛勤付出。无论是赛场上精彩的技能展示，还是工作中优秀的业绩表现，毛欢欢都为之做好了充分的准备，让人感受到他的从容不迫。这不仅体现了他优秀的业务能力，更彰显了他以人为本、互利共赢的公共关系理念。

凡事预则立，不预则废。在学生走向社会之初，老师不忘提醒，为他们立规矩，让他们把学院传授的礼仪内化于心，外化于行。

## 平常心，把该做的事情做好

面对竞争和工作中的变动时，毛欢欢始终保持一颗平常心，这是老师对他的寄语，也是他对自己的期许。在他看来，只要自己问心无愧，不侵犯别人的利益，就能得到内心的平静和坦然；当他晋升到新的工作岗位上时，总是能快速调整自己的心态。正是他这种“但求耕耘，不问收获”的洒脱和“随机应变，不惧挑战”的从容，使他不仅能出色地胜任每一份工作，同时也收获了同事们珍贵的情谊。

一次，为准备银行举办的短跑比赛，毛欢欢每天都要训练。在比赛的前一天，同事因为食物中毒要送去医院，毛欢欢毅然决然地放弃自己的训练，选择陪同中毒的同事去医院。当时毛欢欢心想，既然同事有困难，应该第一时间给予对方帮助，于是就陪这位同事去医院了。一陪就陪到凌晨 5 点多，而此时距离比赛开始时间只有 3 个半小时了。毛欢欢简单地躺了 2 个小时就赶赴赛场，因为一个晚上没有休息好，在比赛的时候，没有发挥最佳的状态，最后取得预赛第三的成绩，无缘决赛。但毛欢欢说：“我并不后悔，如果让我再选一次，我还是会选择陪同事去医院。”也因为这件事，他和那位同事成了很好的朋友。友谊第一，比赛第二，因为这一个小小的意外，却收获了一份沉甸甸的友谊。在毛欢欢心中有很多事情是无价的,比如这一份特殊的友谊。工作中的他,也能如此。

开始做柜员时,银行对每个人都有业绩上的要求,每个柜员每个月都要完成一定金额的存款业务。一开始他不得不依靠家里人到银行存款的方式完成任务,后来他慢慢摸索,终于可以超额完成。而且毛欢欢还会把自己拉到的存款分一些给没有达到要求的同事。

做了一年多的柜员之后,因为优秀的业绩和表现,毛欢欢顺利转岗成为中国工商银行鄞州支行的一名客户经理。因为职位变了,所以一切得重新开始。他利用午休时间站在大堂与客户交流,了解他们的需求,并且认真地将信息记录在笔记本里;他主动打印一些宣传资料,周末别人都去旅游或休息的时候,他选择去网点附近的商铺发传单,遇见有人需要抬东西或者修东西,他就热心地给予帮忙,有时也和别人聊聊天。渐渐地,毛欢欢和一些商店的老板建立了友谊,他们会把自己的钱存进毛欢欢所在的银行,还会给他介绍更多的客户。不骄不躁,乐观坦然,随时可以从头再来,这就是保持一颗平常心给他带来的心境和气度。平常心,也是大智慧。

## 能吃亏,懂得分享

从银行柜员到客户经理到副行长,再到中国工商银行宁波常青藤支行行长,这是毛欢欢的职业经历——一步一个台阶。正是这样的工作经历,使他在成为行长后对待员工时常常能换位思考,不计得失。

2015 年 1 月,毛欢欢被调至中国工商银行宁波常青藤支行担任网点副行长一职。短短四个月,在他的管理和带领下,该网点迅速成为整个江东支行里新增存款量最多、增幅最大的网点。

同年 5 月,他被聘为中国工商银行宁波常青藤支行行长。担任网点行长后,毛欢欢遇到了一些新情况,网点一共 12 名员工,大部分都比他年长,而在银行管理方面,他也只有四个月的担任副行长的经历,怎样和员工相处,并且可以带领大家一起做出成绩,成为摆在他面前的一道难题。经过一番思索,他认为自己要以身作则,发挥好带头作用。

“不要一味要求别人做事,自己要先做事。”毛欢欢说道。对自己的员工,他没有直接下达任务,而是先了解他们的职业规划,站在员工的角度想想实现目标有哪些困难,然后尽可能地帮助他们。在融洽的工作氛围中,大家的心情会更加愉快,整个团队的凝聚力也会更强。

工作中即使是很不起眼的小事,他也会尽力去做。一天,银行的卷闸门坏了,原本已经到了下班的时间,他的身体又不舒服,但他还是主动留下帮忙。在他眼里,事无大小,只要遇到都尽力相助。

在他的带领和同事们的共同努力下,2016 年,支行从 2015 年他刚到任时的在中国工商银行宁波分行网点评比中的倒数第一变成了第一,成为中国工商银行宁波分行中的标杆网点。

当谈到为人处世时,毛欢欢说道:“我一直认为,会做人的人比会做事的人慈祥。”这是他上学时就得到的感悟。在努力提升自己的工作能力时,不忘给别人一些帮助,他说:“独有只能让你看到眼前,分享也许会让你看到未来。”

**【师长点评】**

八年时间,从一个普通柜员到一个支行行长,毛欢欢走得似乎有些“顺”了些。但是这“顺”的背后,是他一直谨记银领学院的“技能、礼仪、做人”要求,并且精益求精,将“匠人”精神发扬到极致尽美。

“良田万顷,不如薄技在身。”技能是一个人安身立命的根本,也是一个人行走社会的底气所在。因为有高超的银行业务技能,毛欢欢能自信面对每一份工作,敢于从头做起,处处留心,细心体会,人情练达。而古今出色的“匠人”,不唯有巧夺天工的技艺,亦有厚德载物的情怀。

孟子曰:“爱人者人恒爱之,敬人者人恒敬之。”毛欢欢对待同事和员工,谦让礼遇,不怕吃亏;对待客户,他设身处地为其考虑,急客户之所急。毛欢欢的真诚相待赢得了同事和客户的信任,也为他的工作营造了和谐的氛围。

“仁者心动。”毛欢欢不仅致力于为客户提供全面细致的服务,也重视自身的全面发展,忙碌之余不忘热爱生活,领悟生活之美。注重身心健康,才能以更好的状态投入工作。

未来的职场精英们,让我们都能如毛欢欢一般“心有猛虎,细嗅蔷薇”,忙碌之余,不忘停下脚步,聆听花开的声音。

# 创造机会，挑战人生

**【人生格言】**

一个人梦想的成功，除了智慧的头脑，很多情况下更在于自己的毅力和决心。有时，学会给自己加压并不是一件坏事，它会促使你不断地向前冲，直达希望的彼岸。也许这是个充满艰难的过程，但只要瞄准好目标，规划好自己的职业生涯，去逐步一点点实施，再大的挫折也不会把你压垮，多少的迷茫也不会让你绝望。学会给自己创造机会，满怀信念与信心，不断地挑战自己、挑战人生，希望永远掌握在我们自己手中。

——满浩洋

**【银领故事】**

满浩洋这个名字，十足的“水”。是不是这个来自西北的小伙子家乡缺水的原因呢？这个不得知。常言说：名如其人。可单从“水”去看，这显然用在满浩洋身上不太贴切。恰恰相反，他是个典型的西北“硬汉子”，高大帅气，成熟稳重，含蓄深沉，不苟言笑。用他极为逗趣又幽默的话说：“90 后的我看上去酷似 70 后。”

他那一堆堆可喜的荣誉证书更是衬托出满浩洋另一种风格：在浙江金融职业学院就读时，曾多次获得十佳大学生及学生最喜欢的团学骨干、优秀学生干部，优秀毕业生等称号，在校运动会 1500 米、男子 4×400 米等活动中获奖，并先后获得二、三等奖学金。此外，还被评为杭州市优秀学生会干部，在浙江省大学生挑战赛中获二等奖。参加工作后，2012—2015 年在浙江泰隆商业银行杭州余杭支行任职时，他个人多次被评为优秀员工，所负责的部门被评为先进集体、开门红存贷款先进部门。2015 年 10 月在宁波银行杭州余杭支行工作至今，他多次被评为优秀员工，还获得宁波银行杭州分行高收益资产新增第一名……

“少年老成”是满浩洋挂在嘴边评价自己的标签。他做过浙江泰隆商业银行杭州余杭支行的客户经理、部门经理，宁波银行杭州余杭支行部门副总经理、总经理等职。翻其履历，他丰富多彩的经历确实让人佩服，自 2012 年从浙江金融职业学院毕业以来，他已经做了 5 年多零售类业务，接触过成百上千的企业主，小到贩夫走卒，大到上市公司董事长等。

## 品学兼优 “掘金”能手

接触满浩洋，你最初会感觉他不善言谈，或者说不善表达。但你能从他那种“闷骚”型的朴素与敦厚中，感受到他身上散发着一股与同龄人不一般的力量，又好像天生具有一定的商业禀赋。但他并不这样认为：“也许一定程度上受父亲的影响，我父亲部队转业后辞掉公职当起了生意人。”满浩洋说，他自小家里管教十分宽松，很少受约束，只要自己想做的事，他都会一步一个计划去做。或者正是因为宽松的环境使得他在生活中玩得快乐，学习上学得轻松，小学到中学各门功课在班级乃至全校总是名列前茅。他立志要考上最好的大学。

“然而，一场意外食物中毒事故的发生，让我人生来了一个大转折。”高考前发生的食物中毒事件，让满浩洋错失了上“最好的大学”的机会。深受打击的他，在老师和家人的鼓励与安慰下，从郁闷中走出来。就这样，他选择了浙江金融职业学院，2009年只身从西北来到了杭州。

“刚来到学校，确实有些不适应，由于与理想有些距离，心中不免失落。”满浩洋说，但接下去不久就适应了学校生活。随后，他各方面的能力渐渐显露，在王老师、闫老师的帮助和关心下，他在学校不仅学习、技能出色，且其他方面表现十分活跃，先后担任系(校)队成员、主持人、校学生会执行主席、银领学院学生会主席、社联合会主席等职，各项工作做得有声有色，文艺晚会、迎新会、艺术节等不同的活动，从方案策划、内容安排、舞台灯光布置、拉赞助、音乐的安排、节目的衔接、主持人的挑选等，大事小事，他都亲力亲为，使得每次活动展开都井然有序，均取得相当好的效果，受到大家一致认可。

也许是受家庭和学校的影响，当别的同学在学校里的任何一份花销都要从家长手里拿时，满浩洋却开始自己赚钱了。他利用一切可利用的业余时间，从外面批发来一些小东西卖给那些有需要的同学，从中赚取差价，虽然每笔赚的差价微乎其微，但由于他的勤劳，时间一长便赚到了他人生中第一笔数目不菲的钱，他当即给自己买了一把质量和材质不错的吉他。“心情很高兴，同学们羡慕极了。”回首那段时光，满浩洋脸上溢满阳光。

作为担任多种社团组织的负责人，每年的新生报到都要安排志愿者迎接。大二那年，在迎接新生的那天，移动，联通、电信等推销校园卡，满浩洋忙着跑上跑下，安排好各个系的志愿者和落实寝室分配等工作后，他又与几家通信部门协调沟通，为新生办理落实相关校园卡，同时还组织志愿者卖旧书、日常用品等。待到晚上回到寝室时，发现早上才穿的新鞋整个鞋底都磨破了。他们的付出和努力方便了新生的同时，竟然赚了 3 万元钱，满浩洋成为老师和同学眼中典型的掘金“能手”。

“后来，为了犒劳大家，我用 3 万元组织大家去青岛畅游了一次。”满浩洋说，学校这样的经历不能不说是一种对自我真正的锻炼和挑战，并为他后来的职业生涯奠定了基础。

## 锲而不舍　金石可镂

在银领学院，满浩洋进的是浙江泰隆商业银行订单班。2012 年 2 月，他便进入浙江泰隆商业银行进行了全封闭式的实习。由于出色的成绩以及综合能力，他被直接推荐为第十七批客户经理一班的班长。4 月份实习结束后，他被安排到浙江泰隆商业银行杭州余杭支行工作，在业务四部做客户经理。

新的单位，新的环境，人生地不熟，困难可想而知。面对眼前的压力与困惑，满浩洋积极调整好心态，一切从零开始，虚心请教，思考琢磨如何拓展业务等。作为客户经理，虽然理论方面胸有成竹，但真正要把业务做起来，不是那么容易的。偌大一个余杭，满浩洋感到自己多么无助。他每天清早出发，奔小区，穿街道，与那些大妈大爷拉家常，套近乎，希望借此打开工作局面，但好长时间都是无果而归。

失望之际，满浩洋突然接到一个电话，对方是他在实习期间认识的，说是其所在的单位想要贷一笔款。这个电话让满浩洋高兴坏了，在约定时间的当天，他早早来到单位等人，可等了老半天没见那人过来，拨通对方的电话却没人接，等到再拨过去时却关机了。此时的满浩洋，心情可想而知。可他并没有气馁，他照样每天去接触和认识那些小区的大妈大伯、阿姨大叔，时间久了，那些人几乎都认识他了。“后来认识了一位阿姨，聊天中得知她家是开沙石厂的。”满浩洋说，与阿姨交往一段时间后，对方看到他人比较可靠，便把 30 万元存入了他们银行。就这样，他做成了第一笔业务。

欣喜之余，满浩洋心里想，如果仅局限于此，要想更好地把业务拓展开很难。于是，他便开始了四处跑企业的旅程。他根据从网上得到的数据，每天奔往各大中小企业。最初，他处处碰壁，有时人家以为他是骗子，二话不说就把他轰出去，有时才到企业门口，门卫不分青红皂白又把他赶出门外，经常吃闭门羹、无功而返。

“好在我脸皮厚，心理素质好。”满浩洋说，有一次他去一家服装企业，老板开始并不理会，他耐着性子把情况一一向对方介绍，对方有些不耐烦，但他并没有放弃，仍旧认真地介绍和解释，也许是满浩洋的诚意感动了对方，最终贷了50万元。

“一个合格的客户经理，不光要懂得做业务，也要懂得分析风险。”满浩洋说。接下去，在很长一段时间里，他深入市场，根据服装行情，潜心研究各大小服装企业，对服装产业链进行整体分析，从地域性、起源、发展途径等分门别类，结合实际，划分各类不同的档次、级别等，哪样的级别能贷多少款，哪个档次的又可以贷多少款，这样既减少走很多弯路，又降低风险。就这样，满浩洋业务有了一个质的突破，出色地超额完成了任务指标。初入职业生涯的满浩洋，以如此态势快速进入角色，让行里的领导和同事刮目相看。

2015年1月，满浩洋被领导委以重任，成为部门经理。满打满算步入职业生涯还不到三年的满浩洋，没有辜负领导的期望，带领团队不断努力进取，积极拓展各项业务，从服装行业，到饮食行业、钢贸行业，甚至快递公司等，做得风生水起，短短几个月时间，存款6000多万元，贷款8000多万元。

## 放弃安逸　接受挑战

满浩洋说，他总是不适应“安逸”二字。正当他事业进入“黄金期”时，他离开了浙江泰隆商业银行杭州余杭支行。俗话说，山外有山，楼外有楼。满浩洋离职的原因很简单，就是挑战自己。他说，由于身边大部分朋友都在金融系统上班，平时聊天都会从中获得不少信息。此时，他知道同样是银行单位，差别却很大。浙江泰隆商业银行虽然也不是太差，但比起大银行，业务量会少很多。原本以为做得还不错的满浩洋，便有了离职的打算。然而，就在这时，也就是2015年7月，领导再次委以重任，让满浩洋负责筹建运河二级支行。

是继续留在浙江泰隆商业银行还是离开呢？一向做事有规划又果断的满浩洋一下子陷入了两难处境。他不知如何是好。若离开，如何向对他信任和寄予厚望的领导交代？留下来，日后的前景闭着眼睛都可以想象得出来，可那并不是他所要的生活。

也许是冥冥之中的安排，就在满浩洋为筹建二级支行考察回来的路上，他突然想起一句不知是谁说过的话：“年轻不折腾，你拿什么回忆！将来的你，一定会感激现在努力的自己。”很平淡，却猛然间触动了满浩洋。他静下心来，再三仔细反省当下的自己。是啊，眼前的生活工作已稳定，再也不需要苦心去营销，只要负责维护、审批什么的，轻松又安逸。但骨子里闲不住的他，想接触更多的未知领域，且三十岁前必须达到他人生规划中的预期目标。

于是，2015年10月，满浩洋怀揣更大的梦想，最终“狠心”地离开了浙江泰隆商业银行，去了宁波银行杭州余杭支行。“没谁耽误你变成一头狼，就看你对自己的人生有什么样的规划。”满浩洋说，进入宁波银行杭州余杭支行后，他担任零售部经理。

尽管满浩洋早做好了一切心理准备，但大银行的超重压力和负荷，让他无可避免地产生一种强大的危机感。他从内部管理着手，梳理部门业务构成，查漏补缺，分析部门内人员的情况，帮带新人，提升团队整体凝聚力。同时，积极发挥自身长处和经验，以小微企业贷款为主抓手，开拓业务。

“管好和带好团队是责任，发展更是硬道理。”满浩洋说。从小银行跳到大银行，做好业务确实不易，但作为部门负责人，他只有唯一的选择：发展业务，做出业绩。满浩洋克服重重困难，每天都去开拓业务，从临平到九堡，从早上到晚上，不分工作日和双休日，每天跑十几个客户，加班加点。一个月下来，满浩洋和同事竟然跑了四十几家大小企业，完成20笔业务交易。

“额小面广，勤说勤跑，高效快捷是做零售的不二法门。”满浩洋说，在短短几个月时间，支行新增客户数、新增分期融额度成为宁波银行杭州分行第一；2016年开门红一炮打响；2017年开门红期间，新增100户贷易融，出账2亿元。近三年时间，满浩洋带领团队由原来的存款4亿元、贷款4000万元做到现在存款7亿元、贷款2.4亿元。

“这一路走来有波折有惊喜，有付出有收获。我要感谢在我人生成长中所遇到的每一位良师益友，是他们的言传身教和影响，让我在工作中立足。”满浩洋言语之间充满感激，更多的是信心。

**【师长点评】**

有句话说得好：生涯要规划，更要经营；起点是自己，终点也是自己，没有任何人能代劳。多年来，浙江金融职业学院银领学院在培养学生时，一贯强调要做一个有心人，经常思考自己的前途，规划好人生每个阶段的发展。

当我们开始铺设职业之路时，要像满浩洋学子一样，既要有目的，看得见未来，又要自我定位、自我成长，不断积累阅历，逐步实现人生发展计划。

# 从"做梦"到"圆梦"

**【人生格言】**

人生如梦,每个人都是这梦的主宰;梦有多精彩,人生就会有多精彩;世上无难事,只怕有心人!当时间的主人,命运的主宰,灵魂的舵手,只要肯吃别人不能吃的苦,忍别人不能忍的气,做别人不能做的事,就能享受别人不能享受的一切,获得你所期待的成功。

——洪林辉

**【银领故事】**

90后的洪林辉,2008年进入浙江金融职业学院,2011年毕业,成为中国邮政储蓄银行浦江县黄宅镇支行的柜员;2016年,从业第六年,正式担任该支行行长。他凭着"一条道走到黑"的韧劲,不改初心,不言放弃,收获了今天的成就。

正如他所秉持的人生格言:"人生如梦,每个人都是梦的主宰。"而他的梦,在进入浙江金融职业学院之前就已成形了。此后几年,为改变错误的传票输入指法习惯,他以"绝食"逼迫自己每日每夜地训练;为进入订单班,他多次参加技能比赛,传票输入均获第一名……进入银行后,因业务能力强,仅一年,他便从柜员晋升为支行的营业主管;之后,步步高升,做到了支行行长。

剧作家萧伯纳有言:"脚跟立定以后,你必须拿你的力量和技能,自己奋斗。"从"做梦"到"圆梦",洪林辉用力量和技能,在喜爱的岗位上做到了极致。

## 务实的梦想

倘若洪林辉当年不加思考,随便念一所普通本科院校,那么他的人生,可能就此与银行绝缘。2008年那个夏天,洪林辉和所有考生一样,紧张地等着高考分数出炉。不出所料,他的成绩刚过本科线,只够上最差的本科院校,拿个本科文凭。而这,并非他想要的未来。他深知,社会竞争激烈,手握高文凭的人满街都是,读普通的本科四年,还不如到专业性更强的专科学校学一门技能。

他首先想到了浙江金融职业学院。因为对这所学校,他早有耳闻,他表哥就是这所学校的毕业生。光是表哥一句"浙江金融职业学院有着极高的就业率"就深深吸引了他。之后，他上网搜索，发现浙金院的前身是浙江银行学校，培养了一大批银行人才，从该校毕业的大部分学生，都直接进入了银行工作。在洪林辉的印象里，无论什么年代，银行始终是人们心中不折不扣的“铁饭碗”，非常“吃香”。对于务实的洪林辉而言，没有什么比拥有一份体面又稳定的工作更重要。“我要成为银行人”，抱着这个梦想，他毫不犹豫地选择了浙江金融职业学院。

洪林辉顺利进入浙江金融职业学院就读财务管理专业。“工欲善其事，必先利其器。”他想，扎实的财务管理理论是将来进入银行工作的重要武器。大一期间，洪林辉时常见到学长学姐们穿着体面的制服，拿着公文包走在校园里。问老师，才知道原来他们是进入了银行订单班的学生。自此，他愈加坚定了目标，告诉自己大二下半学期，一定要进入银领学院的银行订单班。这样才能真正把握住“铁饭碗”，真正地成为“银行人”。

他了解到，不同的订单班，要求和侧重点都不一样，但对专业技能的要求是一致的，技能水平高的学生，更有机会进入订单班学习。他深知，一心想进入订单班的学生不止他一个，自己必须付出比别人更多的努力，才有可能脱颖而出。

## 术业有专攻

专业技能的学习无捷径，贵在坚持，而练习技能的过程枯燥乏味，很容易让人心生放弃的念头。

在校期间，洪林辉参加比赛无数，获奖居多。大一伊始，他就参加了会计系举办的技能比武大赛以及学院举办的技能比赛，2009年获得了学院职业技能协会技能擂台赛小写传票输入二、三年级组第一名，2010年参加技能擂台赛荣获传票输入第一名，同年参加会计系第九届技能直通车荣获传票输入第一名。在这些大大小小的比赛中，他发现自己获奖的几乎都是“传票输入”，这让他意识到，自己十分擅长这项技能。于是，他专攻“传票输入”这一项，真正做到了“术业有专攻”。

学习的过程并非一帆风顺。由于一开始学习“传票输入”时，洪林辉没有严格按照技能老师要求的五指输入法，而是习惯性地“抛弃”了小拇指，使用四指输入。初始练习时，并没有发现异常，甚至在养成四指输入习惯后，速度也随之提升，但在达到一定速度后，却遇到了瓶颈：输入速度仿佛定格般，再也无法提升。为此，他立刻请教技能老师牟君清，经老师指导，才察觉自己长期以来都在使用错误的输入指法。看似小错误，后果却几乎是致命的。都说最难改变的是习惯，要纠正错误的习惯，更是痛苦而漫长。洪林辉咬咬牙，憋着一股“狠劲”，开始了没日没夜的训练，练不好就拒绝吃饭。这样饿着肚子勤学苦练，一个月，终于改变了错误的指法，突破了传票输入的速度提升瓶颈。

洪林辉虽然获得过许多比赛奖项，但也有比赛失利之时。最初参加比赛，由于心理抗压能力差，在赛场上过于紧张，导致几次输入传票都出现了错误，准确率没有达到百分之百。尽管速度是最快的，但最终成绩还是作废了。这个坚韧的男孩儿，在失落和迷茫之后，依然选择了坚持，稳稳地朝着订单班的目标前进。他明白每次比赛获奖，都是为以后进入订单班增加一份自信。就这样，通过一次次的比赛，洪林辉的专业技能和心理抗压能力都得到了提升，不仅在学校的比赛中如鱼得水，也为未来走进银行参加技能比赛奠定了基石。

## 坚韧助圆梦

2010 年大二下学期，洪林辉如愿进入邮储银行订单班。2011 年进入中国邮政储蓄银行浦江县黄寨镇支行进行顶岗实习。同年 8 月正式成为该支行的柜员。

柜员工作的最大困难，于洪林辉而言，不是技能，而是无端忍受客户的责骂。他清楚地记得，有一次为客户办理取钱业务时，一位中年男客户急匆匆地来到他的窗口，随意扔进来两本存折，只说了两个字：存钱！面对这样的客户，他本能地回复“请排队”，结果遭来该客户的一顿臭骂。年轻气盛的洪林辉哪里懂得“忍”，毫不犹豫地反击，在银行大厅与该客户激烈地争执起来，还因此惊动了支行的领导，最终由领导出面，才解决了此事。

事后，领导找他谈话，洪林辉才知道，“气势汹汹”的男客户是邮储银行的房东。尽管他无缘无故插队，出口不逊，有错在先，但作为服务行业的“银行人”，丢掉基本素养，在银行里当着众多客户的面与之争吵，不仅有损自己的形象，而且也有损银行的形象。洪林辉迅速认识到自己的错误，当天晚上，在领导的陪同下，来到该客户家中，向他道歉。而该客户同样诚恳地表达了自己的歉意。更意外的是，他被洪林辉的真诚打动，当即表示第二天帮他完成 200 万元的个人存款任务。真是“不打不相识”，这件事后，洪林辉还与这位客户成了好朋友。

洪林辉坦言：“类似的情况，在银行中时有发生。我们会时不时地被客户责骂，但是作为服务行业从业者，应该先从自身去寻找问题，比如是不是我们的服务不到位？是不是我们的某个动作和表情让客户产生了误解？因此在面对客户的责骂时，应懂得从对方的责骂中听取他的诉求，以最快的速度寻找解决办法，而不是因一时之气盛予以反击，激化矛盾。”

做柜员需直面客户，初出茅庐的洪林辉因此得到了快速成长。由于在学校中掌握了比较扎实的银行柜面技能，到柜员岗位后上手快，办理业务既快又准，2012年8月，正式工作才一年的洪林辉晋升为中国邮政储蓄银行浦江县支行的营业主管。他一方面努力帮助支行行长进行内控管理，另一方面积极拓展自己的业务，并积极参加行内举行的一系列技能比赛，在金华市分行2013年服务技能大赛中荣获“传票输入单项技能标兵”“五笔录入单项技能标兵”第一名，在中国邮政储蓄银行浙江省分行2013年全省服务技能大赛中获“翻打传票单项服务技能奖”第一名。

2014年12月，由于扎实的专业技能外加一系列奖项和努力，他晋升为客户经理。2016年4月，成为中国邮政储蓄银行浦江县黄宅镇支行行长。

从一名普通柜员到支行长的六年从业生涯里，洪林辉不仅专业技能更纯熟，还依据自己的经历，总结了宝贵的职场经验。

其一，“要做事，先做人，吃亏是福”。当今社会，独生子女居多，在家习惯衣来伸手，饭来张口。进入职场后，依旧不懂收敛，这个时候比起技艺，做人反而更重要。他告诫职场新人：“一定要先学会做人，到单位后勤劳点，凡事多做一点，多承担一点。”他提到一名目前表现优秀的员工小方，在刚进银行时，虽业务能力强，但因刚大学毕业，待人接物方面有所欠缺，对银行的老员工以及保安都缺乏尊重。凭着一股子盲打莽撞的劲儿，不听从指挥，不愿意干除业务之外的工作，比如下班后打扫卫生。好在经领导与他沟通后，他很快地认识到自己的错误，表现得越来越好。

其二，“要有主人翁意识，要把自己的私人利益排到最后”。洪林辉如同一位充满智慧的老前辈，对新人谆谆教诲：“进入单位以后，要时刻树立自己的主人翁意识，将单位看作自己的家，要时刻为建设好这个家贡献自己的力量，要把自己的私人利益排到最后，慢慢地，你会获得一些意想不到的收获。”

摸爬滚打，痛并快乐着的六年，如果没有对职业的热爱，对梦想的坚守，洪林辉觉得自己断然不会走到今天。如今，从“前台”退至“幕后”的洪林辉，褪去了青涩，多了份从容，对于学习，他永不止步；对于职场，他永不言弃；对于人生，他永不休止地奋斗！

**【师长点评】**

六年，从一名普通柜员到支行行长。在银领学院近万名毕业生中，洪林辉不一定是最优秀的，但洪林辉一定是目标意识特别强的。

他从选择学校的那一刻，就坚定了目标：要成为银行人。这么多年，洪林辉从未忘记过自己的目标，每一步都特别扎实，而且特别清楚地知道自己要的是什么，最后要达成什么样的效果，对自己下得了“狠手”，这才是他不平凡的地方。

刚进大学时，他语言表达非常差，一上台就结巴。为了锻炼自己，大二他主动竞选班长，抓住一切能够上台讲话的机会，语言表达获得了很大的提升。洪林辉的经历并不特别，也并不轰轰烈烈，他的成功不是一蹴而就的，而是他咬定目标不放松，苦练技能、钻研业务的结果。

其实每个人都有潜在的能量，只是容易被习惯所掩盖，被时间所迷惑，被惰性所消磨。激发个人潜力需要个人强大的目标与意志力，这两点，洪林辉都有。如他所言，“吃别人不能吃的苦，忍别人不能忍的气，做别人不能做的事”，这句人生格言，也正是他一直以来身体力行的。不要在该努力的时候选择安逸。不忘初心，方得始终。

# 方向比速度重要

**【人生格言】**

人生最重要的是，知道自己要去哪儿，不是井里没有水，而是你挖得不够深。用心做事才能把事做对，认真做事才能把事做好。若要收获，必要付出，这世界上除了贫穷，没有什么是可以不劳而获的，只有努力了，奋斗了，才能获得成功。

——朱斌

**【银领故事】**

“在实习中，我应该怎么积累客户资源？”在 2018 年 6 月 30 日的浙江金融职业学院银领学院“银领学子成长交流会”上，一名学弟这样问朱斌。“首先要学会沟通，主动了解客户需求；其次，在推荐产品时比客户多想一步，提升客户的满意度；最后就是，建立口碑。”

“银领学子成长交流会”是浙江金融职业学院银领学院的固定项目，作为优秀毕业生代表，朱斌与其他几位学长一起重返学院，以自身经历为范例，为刚踏入银领学院订单班的学弟学妹们答疑解惑。

自 2009 年毕业以来，朱斌从银行一名普通的综合柜员做起，历经八年，成长为杭州联合银行吴山支行的业务部负责人。从初出茅庐的“零起点”，到如今拥有丰富的客户资源，朱斌走出了一条不一样的职业轨迹。

## 认真好学，为未来奠定基础

银领学院订单班的选拔招聘，是在大二的第二个学期。朱斌一直是一个对未来有清晰规划的人，考虑到银行对自己来说发展空间更大，就读房地产经营与估价专业的朱斌决定把进入银行订单班作为自己的目标。通过努力，朱斌在大二第二学期的订单班选拔中如愿以偿，顺利被“杭州联合银行订单班”录取。

进入银领学院订单班后，朱斌面对的是银行基本功考核的挑战。五笔输入、珠算、点钞、传票……面对全新的要求，朱斌没有退缩，而是迎难而上，直面挑战。学习五笔打字需要拆分字的结构，背诵字根，朱斌从零开始，除了日常练习之外，强迫自己在写文档、打字聊天的时候也用五笔，形成一种习惯，从而提升自己的打字速度。点钞技能作为银行人员最重要的从业技能之一，除了自身苦练之外，朱斌还经常请教老师与同学，在前人经验的基础上加以深化与练习。传票考验一个人的协调性与耐心，朱斌在课余时间反复练习，让自己形成肌肉记忆。“百步穿杨，熟能生巧”，通过练习，朱斌也认识到技能是可以靠努力练就的。

珠算被誉为中国的第五大发明，在十年前珠算也是银行技能考核的项目。一开始，朱斌觉得，有了计算机，珠算是一种“过时”的技能，很不实用，从心底抗拒学习。后来，珠算老师告诉朱斌，珠算是中国传统文化的一部分，蕴含着祖先的智慧；学好珠算，可以培养独立专注思维，在银行柜面工作时娴熟出色的珠算速度未必逊色于计算器。既然是规定考核内容，无法选择，再大的困难也必须克服。朱斌调整心态，沉下心练习珠算。在耗费了大量的时间与汗水之后，朱斌的所有技能都超过了银领学院订单班的考核标准，成为一名拥有过硬技能的银行准职员。

除了苦学专业技能，朱斌还担任班长和学生会干部，承担班级和学生会的管理工作。朱斌说，担任班长和学生会干部期间，不仅提高了自身的管理能力和办事能力，还培养了吃苦耐劳的精神，而且通过与各种人打交道，增加了生活阅历。大二时，朱斌凭借较强的亲和力、办事积极主动、善于与人沟通等优势，从多名竞争者中胜出，担任团委副书记兼学生会主席。

上任后，朱斌发现以前做事讲究单打独斗，现在做事讲究团队合作。如何带领团队更好地完成任务？这是他面临的挑战。这时，系辅导员金云燕老师给了朱斌指导与帮助。金老师耐心地指导朱斌如何对学生会成员进行协调与激励，如何根据每个人的不同特点去分解工作，合理调配，保证每个人能按时按量完成任务。朱斌坦言，金老师是他为人处世的启蒙老师。从金老师身上，朱斌学到了做事的风格与组织工作的方法。

回首这段往事，朱斌说：“办一件事从策划开始，就一定要认真仔细，要及时与人沟通，不断协调，只有这样，大家才能合力把事情办好。”他始终牢记金老师的一句话：“用心做事才能把事做对，认真做事才能把事做好。”

## 主动转岗，真诚服务开新篇

靠着过硬的技能水平与知识储备，朱斌毕业后顺利进入杭州联合银行三墩支行，成为一名柜员。朱斌在完成规定的存款业务的同时，注重与人沟通，积极与客户交流，主动进行柜面营销，常常超额完成柜面营销任务。

在此过程中，朱斌渐渐意识到，从国有大型商业银行到股份制银行，随着经济发展开始进入了全面的智能化时代，全天候自助和远程人工服务的机器将逐渐取代柜台人员。在改变人们生活的同时，智能化也在改变银行的生态体系。柜员是银行中最基层的岗位，在智能化的浪潮中，在银行体系中的作用将渐渐弱化。

“我绝不能一辈子只做柜员。”朱斌对自己的人生又有了新的规划和目标。他在无差错完成柜员工作的同时，拓宽知识面，学习更多的技能。朱斌认为，知识和技能是学不完的，不管什么时候，都要不断学习，提升自己的业务水平，丰富自己的内涵。他关注财经新闻，阅读《国富论》《经济学原理》等财经书籍，查阅交易所的数据与公告，培养自己的财经思维与财务分析能力。他还利用业余时间自学了CPA注册会计师的相关课程。在学习和工作过程中，朱斌发现银行分业务部门、运营管理部门和综合管理部门，柜面工作人员属于运营管理部门，而银行的核心是业务部门，也是银行利润的主要来源。在担任综合柜员一年半之后，朱斌主动要求转岗，做一名客户经理助理。一切从零开始，朱斌开始了自己新的奋斗历程。与综合柜员相比，客户经理岗位对员工的要求更高、更严苛，每个月都有考核，如果业绩考核不达标，就要面临被淘汰的风险。面对全新的机遇与挑战，朱斌没有退缩。

万事开头难，没有任何资源背景的朱斌需要完成第一笔业务打开局面。这时，高中同学找到朱斌，需要办理一笔贷款业务，这笔业务总额小且抵押的房子老旧，还不在市中心，加上贷款额度小、利率低，情况复杂，操作麻烦，已被其他银行拒绝过多次。但对朱斌来说，这是转为客户经理的第一单，第一炮一定要打好。老同学为人处世口碑很好，在省测绘院工作收入稳定，朱斌为老同学选择了一款最适合他的“白领贷”。经过审批，贷款很快就进入了办理程序。朱斌到实地勘查了抵押物，然后回公司办理抵押手续，还到临平办理房产证，从上午一直奔波到晚上。来回几趟下来，省测绘院的员工都熟悉了朱斌。朱斌“急客户所急，想客户所想”的真诚态度赢得了省测绘院员工的信任。在完成这笔业务之后，好几名省测绘院的员工找到朱斌，要求办理贷款业务。

朱斌根据不同客户的不同需求，介绍最适合客户的贷款业务。顺利做完这几单贷款业务，朱斌捞到了“第一桶金”，一下子打开了工作局面，让自己的营销生涯走上了正轨。

## 口碑营销,比客户多想一步

富兰克林说:“推动你的事业,不要让你的事业来推动你。”朱斌认为,面对客户,要充分与客户沟通,主动了解客户的需求,比客户提前一步考虑,尽心尽力,赢得客户的信任,提升客户的满意度,从而赢得口碑。有了好口碑,客户就会把你当成朋友,会有意无意地把自己的朋友圈介绍给你,有时候拓展客户就是这么简单。

总结出口碑营销的诀窍之后,朱斌充分发挥自己的优势,在服务客户的过程中积累口碑,业绩蒸蒸日上。很快,他就从客户经理助理升任为营销类客户经理,成为代表杭州联合银行的“大使”。

取得成绩的朱斌没有懈怠,不断在服务中提升自己的口碑。一家大型的贸易型集团公司想做票据池业务(银行要收集这家集团公司下属所有企业的票据,形成票据池,通过票据池可以实现票据的转换)。这个业务需要银行定期收票进行统计和清点,实际操作比较烦琐,因这家集团公司的财务人员短缺,故要求银行上门收票,许多银行不愿意接这个业务。秉持“帮客户解决问题”的理念,朱斌接了这单业务。该企业距离银行约 20 千米,朱斌不辞辛苦,每周定期上门进行票据收集与入池。朱斌周到的服务,给该企业留下了非常深刻的印象,因此开拓了大量的业务。朱斌认为,为了维护好客户关系,维持良好的口碑,个人多付出劳动是应该的,这也是一个业务人员态度的体现。

在业务积累的过程中,朱斌坚持学习用知识武装自己,学会判断深层次原因,更好地理解客户需求。有一次,在一笔贷款业务的办理过程中,朱斌听到客户抱怨银联的 POS 机无法实时到账,分不清哪几笔货款到账了,导致账上的钱总是不够用,因此要办理贷款。朱斌想,如果客户的货款可以实时到账,那客户就没有必要办理这笔贷款。与其为客户办理这笔贷款,不如为客户寻找一个合适的结算方法,彻底解决这个问题。于是,朱斌向客户推荐了杭州联合银行能够行内实时到账的 POS 机,解决了客户的难题,获得了客户的好评。

在营销中,他总是尽最大努力为客户服务,赢得客户信任,从而提升自己的口碑。有一次,一名上市公司的高管找到朱斌,表示因特殊原因想要在三天之内拿到一笔银行的贷款。平常,申请贷款后需要经过上报、信用等级评估、贷款审批等环节,流程复杂而烦琐,通常需要 5—10 个工作日,三天几乎是不可能的。

面对这个“不可能完成的任务”，朱斌靠着自己在工作中积累的良好口碑，与领导沟通，用合情的理由说服领导同意缩短贷款审批时间，并且让银行后台优先为该客户排额。为了缩短审批的操作时限，朱斌主动延长自己的工作时间，加班加点为客户准备审批材料。三天后，朱斌按照约定，将贷款打到客户的账上。面对朱斌超级 VIP 服务，客户深受感动。

一分汗水一分收获，朱斌的努力换来了业务量的不断扩大，使他圆满完成了银行指标。目前，朱斌担任杭州联合银行吴山支行的业务部负责人，进入管理层。凭借着出色的业务能力与管理经验，朱斌带领整个团队，消化集体需求，合理分配任务。他相信，只有具备了综合能力，才能为客户提供全方位的服务，才有竞争的资本，才能以熟练取胜、以速度取胜，他相信未来一定能越来越成功。

**【师长点评】**

人生关键处，有时就那么几步。

如果朱斌当初没有进入订单班，没有主动要求从普通柜员转岗客户经理助理，那么肯定就不会有现在的支行业务部负责人岗位；如果朱斌在办理第一单时，只是简单地走走流程，没有几次三番上门服务，就不会有丰厚的第一桶金……

正如俄国著名作家列夫·托尔斯泰在《安娜·卡列尼娜》开篇说的，“幸福的家庭都是相似的，不幸的家庭各有各的不幸”，成功人士的经历也大抵相似，但是失败的原因却有千千万。

朱斌的成功，离不开勤奋、执着和诚信，也离不开关键时刻那几步的把握。银领学院为了让学生走得更远、走得更好，提升学生的职业生涯规划能力，每年都会开展职业生涯规划方面的活动。

希望同学能从朱斌学子的成功中，对职业生涯规划有更多认识与启迪。

# 积跬步可致千里

**【人生格言】**

一个人有了长远的目标，才不会因为暂时的挫折而沮丧；一个人努力的目标越高，他的才能就发展得越快。人最大的心理障碍就是自己，不管你遇到多大的困难，只要坚守初心，乐观对待，就没有过不去的坎。工作中遇到任何事情，都要记得换位思考一下，这样很多事也就可以解决了。

——邵水丽

**【银领故事】**

江南的水是柔美灵动，而不缺气势的；江南的山是沉稳厚重，而不失灵气的；江南的女子是温柔贤惠，而不失刚强的。邵水丽就是在江南的山山水水里长大的，身上有着典型江南女子的韵味，温柔而又不失坚毅，细腻而又不失格局。开朗乐观、心地善良，身边的朋友常常用这八个字评价生活中的邵水丽；认真踏实、有责任心，单位领导对邵水丽在工作中的表现也总是赞不绝口。

2010 年，邵水丽从浙江金融职业学院银领学院中行订单班毕业，走上了工作岗位。回首自己的职业生涯，邵水丽觉得自己是幸运的：刚到银行就被选中参加技能比赛并赢得了第一名，之后的每一年都是如此，银行领导对她留下了深刻的印象，从此她的职场通道一路“绿灯”——从最初的实习生到大堂经理再到中国银行杭州市萧山支行的派驻业务经理。

“不积跬步，无以至千里。”其实，邵水丽能在激烈的竞争中脱颖而出，羽化成蝶，全凭优秀的专业技能和一步一个脚印的踏实工作。

## 树立目标，奋力前行

人们常说：“成功，一开始仅仅只是一个选择。你选取什么样的目标，就会有什么样的成就和什么样的人生。”邵水丽是幸运的，在浙江金融职业学院银领学院，她遇到了一群目标明确、积极向上的同学，也是在这里她选定了目标开始前行。“刚进入学校‘中行订单班’的时候，因为班级同学都希望自己能够顺利进入银行实习，所以班级里的学习气氛很好，同学之间不仅关系好，而且还常常一起练技能，互相监督、互相帮忙。”众人同心，其利断金。在良好的班风下，邵水丽每天过得充实而有意义。“记得当时银领学院有个教室是专门给我们练习技能的，我和同学们就每天扎在里面，大家相互‘攀比’——看谁到得早，比谁走得晚。虽然很辛苦，但是只要跟同学们在一起就觉得充满动力。”也正是在这段旁人看似乏味枯燥的日子里，邵水丽日复一日地练习专业技能，培养耐心与意志力。功夫不负有心人，勤奋的邵水丽最后以优异的成绩顺利进入银行实习。

一旦心中有目标，便不会轻言放弃。走出校门，走上工作岗位的邵水丽就是如此。银行每年都会举办一些技能比赛，以提升员工专业技能和服务能力，刚进单位的邵水丽也被推荐参加比赛。邵水丽坦言：“当时听说自己被推荐参加比赛，心里其实挺紧张的，因为在银领学院的时候，能者如云，我的技能只能算是中上水平，怕自己不能在比赛中取得好成绩。”虽然心中不免有一些小紧张，但邵水丽绝对不是个怕事儿的人，她不仅下班后认真苦练，而且连周末的时间都用来加强训练。“既然单位给了我这么好的机会，我一定要好好把握，不管结果如何，首先自己要尽力。”一分耕耘一分收获，邵水丽第一次代表中国银行杭州市萧山支行参加浙江省分行营业部的比赛，获得直属支行手工点钞第一名的好成绩。接下来的每一年，她都因为过硬的技能成为萧山支行参赛的固定选手。邵水丽说：“因为在各项比赛中都取得了比较好的成绩，有了一技之长，银行领导对我也有了新的认识，在各种岗位的竞聘中，我都是优先被考虑的。可以说，这对我后来的职业生涯帮助很大。”

任何成功都不是一蹴而就的，邵水丽也一样，每一次成功都有她奋力拼搏的身影，每一次收获的背后都是辛勤的耕耘。

## 调整心态，静待蝶变

对于银行从业人员来讲，技能和心态在工作中的重要性不言而喻，邵水丽亦把它们视为成功路上不可缺少的因素。在她看来，领导在考察员工的时候，最看重员工的心态和技能基本功，因为扎实的技能基本功能够帮助员工尽快熟悉业务，良好的心态能使员工在工作中时刻保持饱满的热情，去积极地看待问题，有效地解决问题，从而快速成长。

刚刚进入银行实习的时候，邵水丽和绝大多数实习生一样，干着杂事。每天上班第一件事就是打扫卫生，可是她从来没有抱怨，总是认认真真地完成每一件杂事。因为心中有目标，哪怕事情再小，再无足轻重，邵水丽都觉得是实习生应该和必须做的，每一个人都是如此一步步走过来的。正是这份从容的心态和踏实，让银行领导和同事对邵水丽赞赏有加，常常夸赞她是一个认真踏实、工作责任心强、做事思路清晰的人。“现在很多年轻人都很浮躁，觉得这些小事干吗让我做，我是来工作的，又不是来打杂的，但是我觉得，我们踏入工作以后，首先要摆正我们的位置，不管在什么岗位上，都要踏实努力，一步一个脚印，不要好高骛远，这样才会有收获。”邵水丽这样说道。

记得有一次，因为办理业务的人非常多，作为柜员的邵水丽到12点半还没能吃上午饭。她刚得空起身准备吃午饭，不料又有一个客户送来近50万元的钞票要存款，而且都是20元、10元、5元的小面额，点钞机无法操作，只能手工操作。邵水丽用商量的口吻对客户说：“可不可以到旁边的柜台办理一下，我要先去吃个饭。”本以为这是人之常情，客户会体谅她，没想到客户竟大声地训斥她。那时，邵水丽刚踏入社会，一时没忍住，竟然在客户面前哭了。虽然有一肚子委屈，但是邵水丽还是调整好心态坐下来替客户办理存款业务。在同事帮助下办理完业务，邵水丽吃午饭已经是下午2点多了。

“回想起这件事，觉得自己当时真是涉世太浅了，这么点委屈也承受不了。”人生路很长，不如意事十之八九，有一种积极向上的心态就显得尤为重要。“这几年我在工作中慢慢积累经验教训，发现自己成熟了不少，面对许多棘手的问题也能坦然处理了，不再是那个哭鼻子的小女孩了！”邵水丽打趣地说着。

## 规范行为，行稳职场

八年多的工作实践，让邵水丽从一名懵懵懂懂的女大学生，成长为业绩突出、行事干练的优秀员工。成功也许不能复制，但经验却可以借鉴。对于工作，邵水丽说：“诚实态度、责任意识、学习能力、进取精神、服务理念……这些都是在银行工作缺一不可的，然而行为规范和创新意识却是最重要的。”

国有国法，行有行规。自从进入银行工作以来，邵水丽一直保持着高度的道德自觉性，严格要求自己。如果说银行是一座大厦，那么每个岗位就像是其中的一砖一瓦，都代表着银行在客户心目中的形象。记得当初自己还是一名柜员的时候，遇到过一位老年人，忘记了存单的密码，试了很多遍都想不起来，只好给她做凭证密码挂失，但是由于她手抖得厉害，连名字都写不好，写每一个字都很辛苦，最后还是在大堂经理的帮助下完成了填单并加盖了手印。在重置密码时，老人特别歉疚地说道：“不设密码了吧，人老了总是给别人找麻烦。”邵水丽当时听了心里特别难受，但是她知道设置密码是银行的规定，不能因为老人觉得麻烦就任由她放弃，于是耐心地给她解释设置密码比较安全，并告诉她可以设置自己容易记住的密码，等等。老人最后一句发自内心的“谢谢”，让邵水丽感动了很久。虽然整个业务办理下来花费了比平时多很多的时间，但是邵水丽内心很踏实，不仅完成了自己应该履行的职责，而且还给客户留下了良好的印象与体验。

如今的金融行业竞争激烈，客户要求越来越高，甚至还会遇到一些很挑剔的客户，邵水丽觉得自己作为银行的一员，能做的就是用自己的行动和服务带给客户不一样的体验和感觉，让他们能在中国银行杭州市萧山支行里找到亲切感。

银行是一个系统运转的整体，每一位员工、每一个岗位都有明确的分工，既相互制约，又相辅相成。因此，员工的行为规范性非常重要，一个环节的拖沓和错误就可能影响整个系统的运行效果。“单位虽然有很多制度要求制约着我们，但是最重要的还是靠自我约束，不能碰触制度的底线，不能违规或是违法办理相关业务。”邵水丽说。现在她主要负责的是风险管控，这就要求不能出现任何差错。“现在银行业竞争激烈，既然客户选择了相信你，把资金交到你的手上，那么你就应该对得起客户的信任。”邵水丽说。

“我觉得创新意识在我们的工作中也很重要，也许按照规章制度中要求的条条框框去执行不会发生错误，但你只是把手头的工作完成了，并没有做到好，要想把事情做好，必须有创新意识。”的确，在日常工作中，如果死搬硬套、因循守旧、教条主义，那么，工作也必然不能有所突破、有所发展。邵水丽说：“虽然我现在的工作岗位不要求我有多高的创新意识，但是我曾经亲眼见过身边做国际业务的同事凭借着新的项目创意，硬是拿下了原本不属于他的项目。”

工作不难，就看你愿不愿意去做；工作也难，就在于你能不能做得“好”。邵水丽在日复一日的工作中，不断学习、努力进取，在高度的道德自觉性下，完成符合要求的任务，做对得起客户信任的工作；在保持创新意识之下，大胆开展工作，积极创新。正是如此，才有了在职场上顺风顺水的邵水丽。

**【师长点评】**

积累的过程，就是成长的过程；积累，是量变，是春蚕食桑吐丝，是为了等待质变，为了化蛹成蝶。邵水丽凭借着扎实的技能基本功和良好的心态一步一步走向成功，不断走向自己的目的地。也许有人觉得她的职场之路走得太过顺利，但其实那是你看不见的努力和汗水的堆砌。她也曾遇到过挫折，也曾遇到过不为人知的困难，但是她没有选择退缩，乐观向上的她暗暗告诉自己：“人最大的心理障碍就是自己，没有过不去的坎。”正是这份骨子里的坚强和韧性，行动上的勤奋和坚持，让邵水丽到达了成功的彼岸。

通过邵水丽的故事，希望所有在校大学生明白，我们要仰望星空，更要脚踏实地。你的每一次拼搏，每一次奋进，每一次面对挫折时的不放弃……都是你前往成功彼岸的最佳伙伴，它们将融进你的血液，成就你的未来。

# 后　　记

值此浙江金融职业学院银领学院办学十周年之际，《银色的旗帜——30个"银领精英"的成长故事》终于付梓。为学院十周年庆典献上这一份礼物，编写组既为之欣慰，又因其诸多未尽人意之处而深自惭愧不安。

优秀校友是学院的宝贵财富，他们的成长经历是不可多得的励志教材，对在校学生有很强的激励作用。作为迎接银领学院十周年庆典的重要举措，从2016年起，编写组就着手开展优秀校友资料的收集、整理工作，校友办、招就处以及全体订单班班主任、任课教师积极推荐提供了大量历届优秀校友材料。本项工作也得到了学生原所在分院和各家订单单位的大力支持，他们积极向我们推荐人选，并大力支持、配合我们的采写工作。与此同时我们成立了一支采写队伍，专职采访优秀校友。从2016年7月至今，采写组多方联系，反复修改，成就了这本"银领精英风采录"。但由于种种原因不能把所有优秀校友的事迹和有特色的校友故事囊括其中，难免遗憾，也请未能编入本书的优秀校友们谅解。

在撰文中，编写组力求用笔客观、翔实、准确，再现优秀校友艰苦奋斗的发展轨迹，体现银领学院的办学特色，诚愿撰成可读、可感、可借鉴之图书。其中的辛苦、耗时不谈，此书如能作为一次积极有益的探索，为银领学院创建历史的修订完善打下一定基础，编写组已足以感慰。恳盼全体师生、广大校友、读者和社会各界不吝赐教，多加批评指正。

掩卷感叹，历时两年，献给浙江金融职业学院银领学院十周年庆典的校友系列纪念册——《银色的旗帜——30个"银领精英"的成长故事》，终于如期出版。在此编写组要感谢学校领导、兄弟院系、订单单位、校友和老师们的全力支持，同时也要感谢职业杂志社驻浙江办事处编辑部给予的悉心指导。

桃李溢彩，华茂青松；薪火相传，生生不息。或许此书本身没有多少科研含量，但参与采访校友的学生将终身受益，对在校生是一种身边榜样的精神激励，对银领学院是一个历史的记录，对编写组成员更是一次人生职场的美好回忆。

王祝华

2018 年 7 月 31 日